국민대학교 국제교육원
Institute of International Education
Kookmin University

국민 한국어 4-2

STUDENT'S BOOK

MP3, 별책 부록 포함

국민대학교 국제교육원
https://iie.kookmin.ac.kr/ko/main

KOOKMIN KOREAN

국민 한국어 4-2

국민대학교 국제교육원 한국어교육센터 편

초 판 1쇄 2019년 12월 16일
초 판 2쇄 2021년 08월 25일
초 판 3쇄 2024년 01월 30일
초 판 4쇄 2026년 01월 30일

편 집 인 국민대학교 국제교육원
집 필 진 노미연, 강보미, 김민혜, 석소현, 신선, 정은주
감 수 이동은, 정연희

발 행 인 정승렬
발 행 처 국민대학교 출판부
등 록 1975년 6월 17일 제6-33호
주 소 서울특별시 성북구 정릉로 77
전 화 02-910-4242
팩 스 02-910-4240

인 쇄 삼아인쇄사
전 화 02-2272-2126
삽 화 오정민
녹 음 ㈜예성미디어

ISBN 978-89-7812-450-8 (14700)
978-89-7812-448-5 (세트)

값 24,000원 (세트 44,000원)

☆ mp3 음원은 국민대학교 한국어교육센터(https://iie.kookmin.ac.kr/ko/main)에서 다운받을 수 있습니다.

☆ 책이 나올 때까지 조언을 아끼지 않았던 국민대학교 이효정 교수님과 선생님들, 행정 지원을 해 주신 교학팀 선생님들, 그리고 이동은 국제교육원장님의 지원과 지지에 감사드립니다.

☆ 국민대학교 한국어교육센터 학생들, 인터뷰에 응해 준 글로벌한국어전공 학생들, 글을 제공해 준 다카쿠라 미유키에게 감사드립니다.

☆ 사진 게재를 허락해 주신 문수산 법륜사 혜운 스님, 동물자유연대, 한국방송광고진흥공사에 감사드립니다.

머리말

2019년 현재 한국어는 사용 인구 20위권 내의 세계적인 중심 언어로 자리매김하고 있으며, 한국 문화와 더불어 한국을 알리는 중요한 역할을 수행하고 있습니다. 이러한 맥락에서 한국어의 위상은 한국어의 학습 열풍과 함께 앞으로도 더욱 높아질 것으로 전망합니다.

국민대학교는 2002년 3월부터 외국인을 위한 한국어 교육을 시작하였으며, 2019년 12월 기준으로 세계 50여 개국 언어 문화권의 학습자들이 한국어 능력을 기르고 있습니다. 이렇게 날로 증가하는 외국인 학습자들의 다변화된 요구를 반영하려는 노력의 일환으로 2012년부터 '국민 한국어'의 개발이 시작되었고, 이제 '국민 한국어 4'를 펴내게 되었습니다.

'국민 한국어 4'에서는 그간 국민대학교 한국어교육센터가 축적해 온 교육 내용, 교수법 및 교육 자료의 연구·개발 성과가 새롭고 합리적인 방식으로 담겨 있습니다. 이 교재는 다음과 같은 특성을 지닙니다.

첫째, 학습자가 접할 수 있는 실제적인 상황과 주제를 선정하였고, 외국어 습득에 중요한 시각 자료를 제공하여 학습자들의 인지 능력에 기반한 효과적인 학습이 이루어지도록 구성하였습니다.

둘째, 학습자의 말하기 능력을 중심으로, 읽기, 듣기, 쓰기 능력을 균형 있게 향상할 수 있도록 하였으며, 흥미로운 활동 중심의 문법과 어휘, 표현을 사회적 영역에서 구현할 수 있도록 내용을 구성하였습니다.

셋째, 실제 수업을 하는 방법과 순서에 따라 단원을 구성함으로써 교수자와 학습자가 쉽게 교수·학습할 수 있도록 학습의 편의성을 도모하였습니다.

'국민 한국어 4'를 출간하면서 감사해야 할 분들이 참으로 많습니다. 우선 이 교재가 탄생하는 데 적재적소에서 멋진 영감을 준 학습자들에 대한 고마움이 큽니다. 아이디어의 연구, 개발에 무한한 열정을 쏟아 주신 한국어교육센터의 노미연 선생님을 비롯한 교재연구개발팀 선생님들께 깊은 감사를 드립니다. 그리고 감수를 맡아 주신 여러 교수님들, 삽화를 맡아 주신 오정민 작가님과 편집을 멋있게 해 주신 국민대학교 출판부와 상지피앤아이, 교정과 교열을 해 주신 박근영 교수님과 여윤희 선생님, mp3 음원 제작에 도움을 주신 예성미디어 관계자 여러분들께도 감사드립니다. 교재 개발의 시작부터 마지막까지 함께해 주신 한국어교육센터의 행정팀에 감사를 드립니다. 그리고 깊은 관심으로 아낌없는 지원을 해 주신 국민대학교 임홍재 총장님께 깊은 감사의 인사를 올립니다.

앞으로 '국민 한국어 4'를 통해 더 많은 학습자들이 한국어 능력을 높이고, 많은 한국어 교육자들의 관심을 불러일으켜 더욱 효과적으로 한국어를 가르칠 수 있기를 바랍니다. 아울러 이 교재가 한국어 교육 발전사에 의미 있는 기여를 하게 되기를 기원합니다.

2019년 12월

국민대학교 국제교육원장 이동은

교재 구성과 사용법

국민 한국어 4-2는 한국어를 700시간 정도 배운 중급 학습자를 위한 교재로 개인적 주제는 물론 사회, 문화, 경제, 과학 등의 친숙한 사회적·추상적 주제에 대한 의사소통 능력을 향상시키는 데 그 목적이 있다. 본 교재를 통해 학습자들이 구어와 문어, 공식적인 상황과 비공식적인 상황, 공적인 상황과 사적인 상황 등의 사용역에 따라 적절한 의사소통을 수행할 수 있도록 하고, 담화의 특징과 기능, 장르에 따른 차이를 알 수 있도록 하였다.

본 교재는 다음과 같은 특징이 있다.

- 난이도와 사용 빈도를 기반으로 4급 학습자들에게 적절한 수준의 주제와 어휘·표현, 문법을 선정하였다.
- 표현 영역과 이해 영역의 특징에 맞는 다양한 연습과 활동을 제공하여 말하기, 쓰기, 듣기, 읽기 능력을 전반적으로 키울 수 있도록 하였다.
- 실제 교사들이 수업을 진행하는 순서로 단원을 구성하여, 교수자와 학습자가 쉽게 교수·학습할 수 있도록 하였다.
- 학습자들이 흥미를 가질 수 있도록 다양한 시각적 자료를 제공하여 교재를 구성하였다.
- 한 급을 200시간 학습하는 기관에서 2일(8시간)에 한 단원을 공부할 수 있도록 구성하였다.
- 두 단원을 학습한 후 쓰기 과제를 제시하여 체계적으로 쓰기 능력을 향상할 수 있도록 하였다.

	1일차	2일차	3일차	4일차	5일차
1교시	주제 도입, 어휘·표현	듣고 말하기	주제 도입, 어휘·표현	듣고 말하기	쓰기
2교시	문법 1	문법 3, 4	문법 1	문법 3, 4	
3교시	문법 2 말하기	읽고 말하기	문법 2 말하기	읽고 쓰기	
4교시	말하기 활동		말하기 활동		

01 단원 구성

· **주제**

해당 단원의 첫 부분에 학습자가 배울 내용을 인지할 수 있도록 주제를 제시하였다.

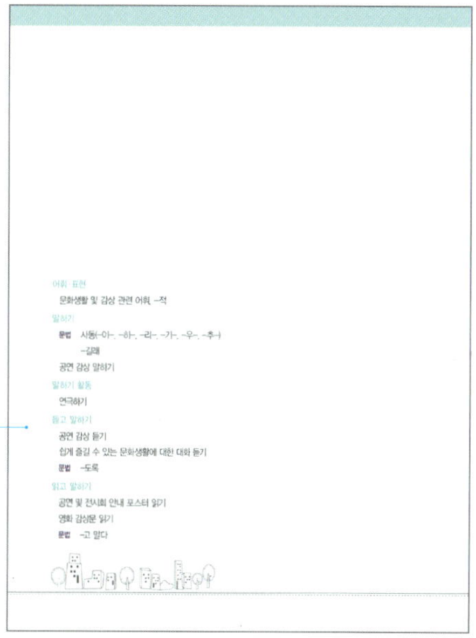

· **학습 목표**

해당 단원에서 학습하게 될 어휘·표현, 문법, 기능, 말하기, 말하기 활동, 듣기와 읽기 내용과 장르 등을 정리하여 제시하였다.

02 준비

· **준비**

해당 단원에서 다룰 주제에 대한 도입의 기능을 하도록 구성하였다.

· **사진**

준비 단계에서 사진을 통해 주제에 대한 관심을 이끌어 내도록 하였다.

· **질문**

주제에 대한 질문을 통해 학습자의 배경지식을 활성화하고, 주제에 대한 경험이나 생각을 이야기할 수 있도록 하였다.

03 어휘·표현

어휘·표현

1. 과학 기술과 관련된 표현을 알아봅시다.

2. 과학 기술 발전의 영향에 대한 표현을 알아봅시다.

- **어휘·표현**

  어휘·표현 단계에서는 이해를 돕기 위한 그림과 삽화를 제시하고 연습을 통해 주요 어휘와 표현을 활용하도록 하였다.

- **연습**

  연습 단계에서는 주제와 관련된 다양한 질문을 통해 목표 어휘·표현을 활용하여 의사소통 능력이 향상되도록 하였다.

04 문법 1, 문법 2

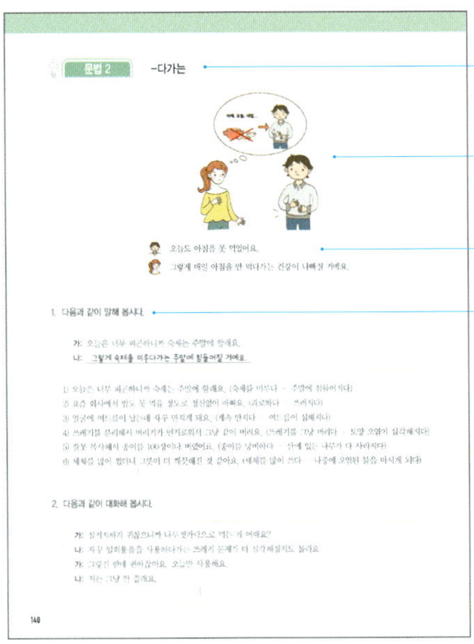
문법 2 -다가는

1. 다음과 같이 말해 봅시다.

2. 다음과 같이 대화해 봅시다.

- **문법**

  문법 단계에서는 의사소통에 필요한 기능을 수행할 수 있는 문법을 제시하였다.

- **상황 삽화**

  목표 문법의 의미가 잘 드러나는 담화 상황을 삽화로 제시하여 교사가 문법을 도입할 때 활용할 수 있도록 하였다.

- **기본 대화**

  목표 문법의 의미를 쉽게 이해할 수 있도록 담화 상황을 대화로 제시하였다.

- **연습 1**

  목표 문법을 이용하여 간단하게 묻고 대답할 수 있는 통제된 연습으로 구성하였다.

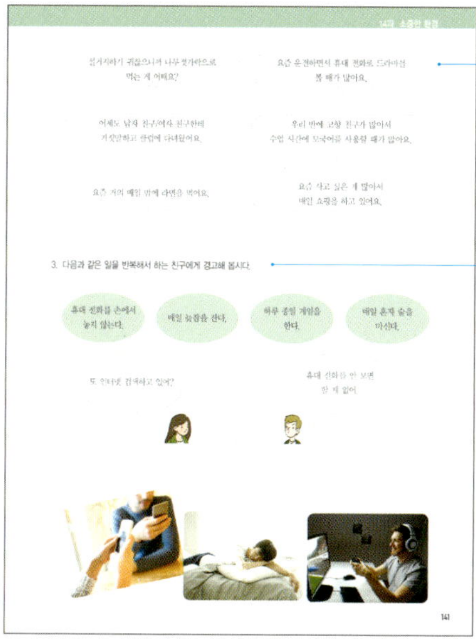

- **연습 2**
  목표 문법의 기능에 초점을 맞추어 확장된 담화를 구성할 수 있도록 하였다.

- **연습 3**
  목표 문법을 실제 담화 속에서 활용함으로써 유의미한 의사소통이 이루어지도록 구성하였다.

05 말하기

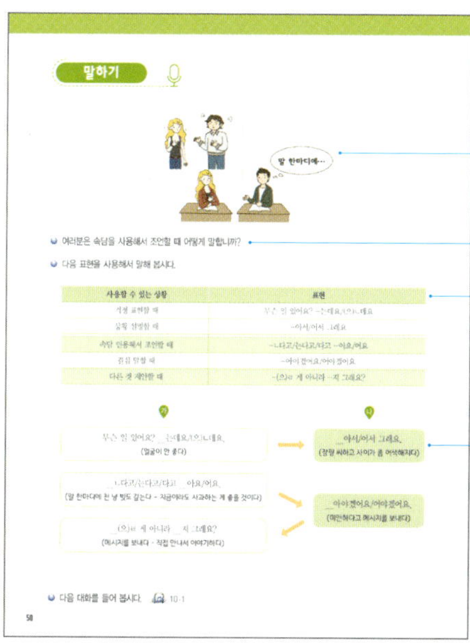

- **상황 삽화**
  대화 상황을 삽화로 제시하여 대화를 도입하고 이해하는 데 활용할 수 있도록 하였다.

- **도입 질문**
  질문을 통해 해당 단원에서 학습할 대화의 주요 내용과 기능을 알도록 하였다.

- **다음 표현을 사용해서 말해 봅시다**
- **대화 구조 제시**
  해당 단원의 대화 구조에서 사용할 수 있는 상황과 표현을 제시하였다.

- **대화 구조 연습**
  대화 구조에서 제시한 상황과 표현을 활용하여 대화를 구성해 볼 수 있도록 하였다.

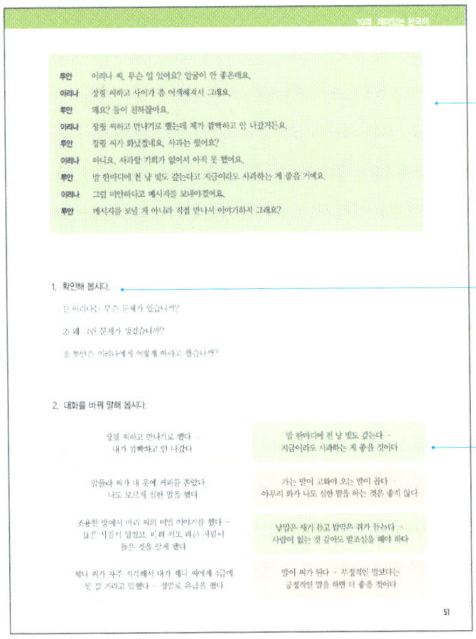

- **다음 대화를 들어 봅시다**
  해당 단원의 대화를 듣고 이해할 수 있도록 하였다.

- **확인해 봅시다**
  대화를 들은 후 내용 이해를 확인하는 질문을 제시하였다.

- **대화를 바꿔 말해 봅시다**
  주어진 단어와 표현을 이용하여 대화를 확장할 수 있도록 하였다.

06 말하기 활동

- **활동**
  해당 단원에서 다룬 주제와 언어적 기능 수행을 위한 다양한 과제 활동을 제시하여 의사소통 능력을 키울 수 있도록 구성하였다.

07 듣고 말하기

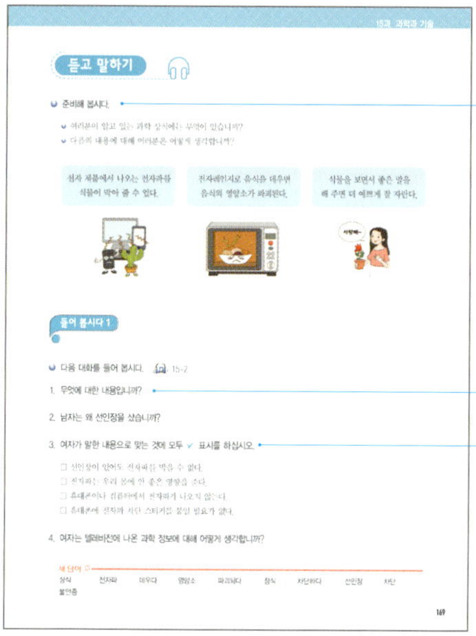

- **준비해 봅시다**
  듣기 전 단계로 도입 질문을 통해 듣기 내용과 관련된 학습자의 배경지식을 활성화할 수 있도록 하였다. 그리고 필요에 따라 듣기 이해에 도움이 되는 사진이나 삽화도 함께 제시하였다.

- **들어 봅시다**
- 무엇에 대한 내용입니까?
  들은 내용을 전반적으로 이해했는지 확인할 수 있도록 하였다.

- 맞는 것에 모두 ✓ 표시를 하십시오
  세부적인 내용의 이해를 확인할 수 있도록 하였다.

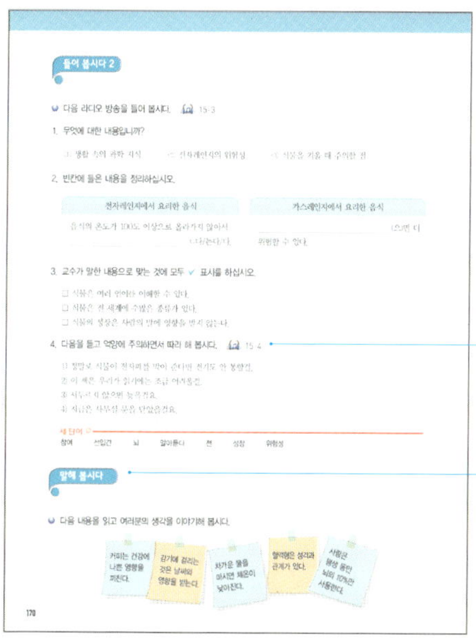

- 다음을 듣고 억양에 주의하면서 따라 해 봅시다
  주요 억양을 연습하도록 하였다. 필요에 따라 억양 대신에 발음, 끊어 읽기를 제시하였다.

- **말해 봅시다**
  듣기 후 단계로 학습자가 앞에서 들은 내용과 관련된 주제에 대해 말할 수 있도록 구성하였다.

08 문법 3, 문법 4

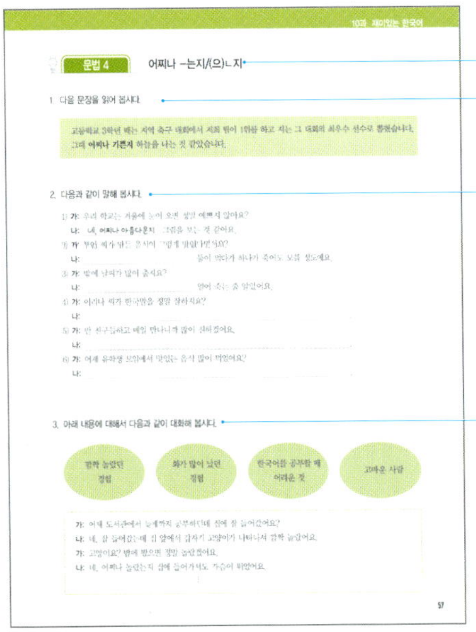
10과 재미있는 한국어

문법 4 어찌나 -는지/(으)ㄴ지

1. 다음 문장을 읽어 봅시다.

2. 다음과 같이 말해 봅시다.

3. 아래 내용에 대해서 다음과 같이 대화해 봅시다.

57

- **문법**
  듣기와 읽기의 문법을 제시하고 연습할 수 있도록 하였다.

- **다시 들어 봅시다/다음 문장을 읽어 봅시다**
  듣기와 읽기의 목표 문법이 제시된 문장을 다시 듣거나 읽으면서 맥락을 통해 문법의 의미와 기능을 이해하도록 하였다.

- **다음과 같이 말해 봅시다**
  목표 문법을 활용하여 통제된 연습을 할 수 있도록 구성하였다.

- **아래 상황을 보고 다음과 같이 대화해 봅시다**
  간단한 상황이나 주제를 제시하여 목표 문법을 실제 담화 상황에서 활용할 수 있도록 하였다.

09 읽고 말하기/쓰기

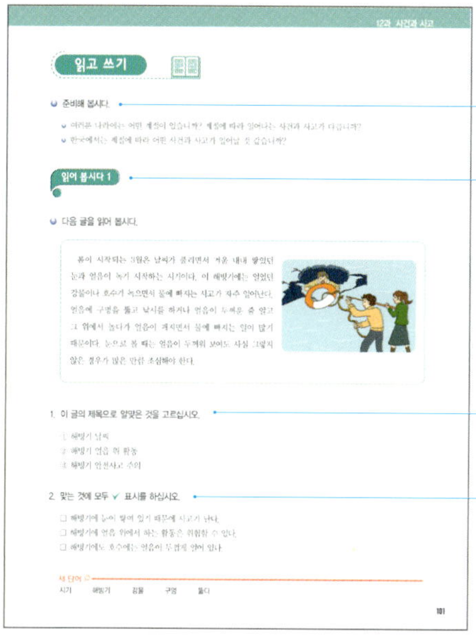

- **준비해 봅시다**

  읽기 전 단계로 도입 질문을 통해 읽기 내용과 관련된 학습자의 배경지식을 활성화할 수 있도록 하였다. 그리고 필요에 따라 읽기 이해에 도움이 되는 사진이나 삽화도 함께 제시하였다.

- **읽어 봅시다**

  실생활에서 접할 수 있는 읽기 텍스트뿐만 아니라 친숙한 사회적·추상적 주제의 읽기 텍스트를 제시하였다.

- 이 글의 제목으로 알맞은 것을 고르십시오

  읽은 내용을 전반적으로 이해했는지 확인할 수 있도록 하였다.

- 맞는 것에 모두 ✓ 표시를 하십시오

  세부적인 내용의 이해를 확인할 수 있도록 하였다.

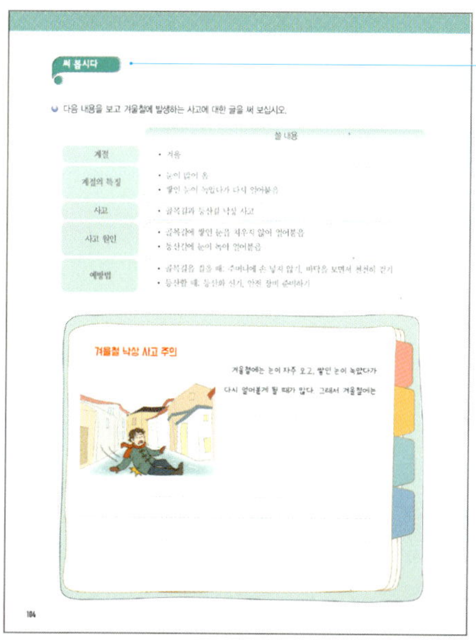

- **써 봅시다**

  읽기 후 단계로 텍스트의 형식이나 구조에 대한 지식을 바탕으로 쓰기 활동을 할 수 있도록 구성하였다.

10 쓰기

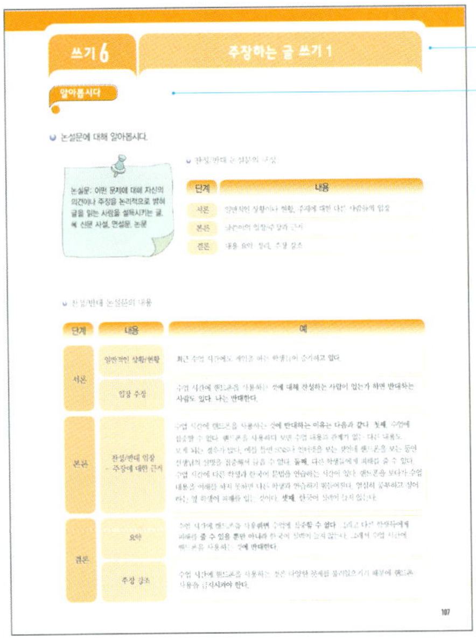
쓰기 6 주장하는 글 쓰기 1

알아봅시다

논설문에 대해 알아봅시다.

- **쓰기**

두 단원을 마칠 때마다 '쓰기' 단계를 삽입하였다. '알아봅시다', '연습해 봅시다', '써 봅시다'의 단계를 거쳐 글을 완성하도록 구성하였다.

- **알아봅시다**

텍스트 장르의 특성을 쉽게 알 수 있도록 하였다.

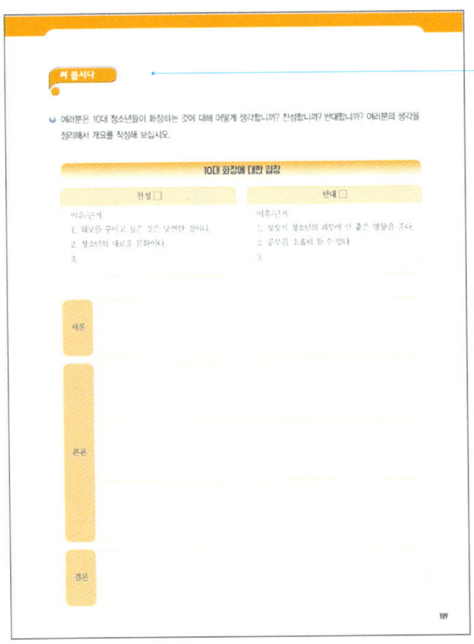
써 봅시다

여러분은 10대 청소년들이 화장하는 것에 대해 어떻게 생각합니까? 찬성합니까? 반대합니까? 여러분의 생각을 정리해서 개요를 작성해 보십시오.

10대 화장에 대한 입장

- **써 봅시다**

주제와 장르에 맞는 완결된 글을 쓸 수 있도록 하였다.

목차

국민 한국어 4-2 교재 구성

<table>
<tr><th rowspan="2">과</th><th rowspan="2">어휘·표현</th><th colspan="3">말하기</th><th>듣고</th></tr>
<tr><th>대화</th><th>활동</th><th>문법 1, 2</th><th>듣기</th></tr>
<tr><td rowspan="2">9과
문화를
즐기는 삶</td><td rowspan="2">문화생활 및 감상
관련 어휘,
-적</td><td rowspan="2">공연 감상 말하기</td><td rowspan="2">연극하기</td><td>사동(-이-, -히-, -리-, -기-, -우-, -추-)</td><td>공연 감상 듣기</td></tr>
<tr><td>-길래</td><td>쉽게 즐길 수 있는
문화생활에 대한
대화 듣기</td></tr>
<tr><td rowspan="2">10과
재미있는
한국어</td><td rowspan="2">의성어·의태어, 속담</td><td rowspan="2">속담 인용해서
조언하기</td><td rowspan="2">속담 사용해서
대화하기</td><td>-ㄴ다고/는다고/다고</td><td>만나고 싶은 이성 친구에 대한
대화 듣기</td></tr>
<tr><td>-(으)ㄹ 게 아니라</td><td>이해할 수 없었던 한국어
표현에 대한 대화 듣기</td></tr>
<tr><td>쓰기 5</td><td colspan="5">설명하는 글 쓰기 2</td></tr>
<tr><td rowspan="2">11과
스포츠와
우리의 생활</td><td rowspan="2">운동 경기 관련 어휘,
-력</td><td rowspan="2">운동 경기 관람 후
소감 말하기</td><td rowspan="2">운동 경기
중계하기</td><td>-더니[2]</td><td>운동 경기 중계방송 듣기</td></tr>
<tr><td>-는지/(으)ㄴ지</td><td>운동선수와의 인터뷰 듣기</td></tr>
<tr><td rowspan="2">12과
사건과 사고</td><td rowspan="2">자연재해와
사건·사고 관련 어휘</td><td rowspan="2">자연재해에 대한
사고 뉴스
전달하고
의견 말하기</td><td rowspan="2">뉴스 전달하기</td><td>-(으)ㄹ 수밖에 없다</td><td>고령 운전자 교통사고에
대한 뉴스 듣기</td></tr>
<tr><td>만으로는</td><td>고령 운전자 교통사고의
현황과 해결 방안에 대한
전문가 의견 듣기</td></tr>
<tr><td>쓰기 6</td><td colspan="5">주장하는 글 쓰기 1</td></tr>
<tr><td rowspan="2">13과
동식물과
함께하는
생활</td><td rowspan="2">동식물 관련 어휘</td><td rowspan="2">반려동물 키우는
것에 대한 의견
말하기</td><td rowspan="2">동식물 관련
주제에 대해
토론하기</td><td>은/는커녕, -기는커녕</td><td>옥상 정원의 장점에 대한
인터뷰 듣기</td></tr>
<tr><td>-는걸요/(으)ㄴ걸요</td><td>옥상 정원의 관리 문제에
대한 뉴스 듣기</td></tr>
<tr><td rowspan="2">14과
소중한 환경</td><td rowspan="2">환경 문제 관련 어휘</td><td rowspan="2">환경 문제에 대해
경고하기</td><td rowspan="2">환경 보호 표어
만들어 발표하기</td><td>에 달려 있다</td><td>소음 공해에 대한 대화 듣기</td></tr>
<tr><td>-다가는</td><td>빛 공해에 대한 대화 듣기</td></tr>
<tr><td>쓰기 7</td><td colspan="5">주장하는 글 쓰기 2</td></tr>
<tr><td rowspan="2">15과
과학과 기술</td><td rowspan="2">과학 기술 관련 어휘</td><td rowspan="2">과학 기술 발전에
대한 의견 말하기</td><td rowspan="2">자신이 원하는
미래의 모습
설명하기</td><td>-더라도</td><td>잘못된 과학 상식에 대한
대화 듣기</td></tr>
<tr><td>-ㄴ다든가/는다든가/
다든가</td><td>잘못된 과학 상식에 대한
전문가 의견 듣기</td></tr>
<tr><td rowspan="2">16과
추억과 그리움</td><td rowspan="2">사람의 특성 및 성격
관련 어휘,
-거리다</td><td rowspan="2">추억 말하기</td><td rowspan="2">어린 시절 추억
말하기</td><td>-았던/었던 것 같다</td><td>고등학교 때의 추억에 대한
라디오 사연 듣기</td></tr>
<tr><td>조차, -기조차</td><td>고등학교 동창들의
대화 듣기</td></tr>
<tr><td>쓰기 8</td><td colspan="5">설문 조사 분석 보고서 쓰기</td></tr>
</table>

말하기			읽고 말하기/쓰기			발음
	말하기	문법 3	읽기	말하기/쓰기	문법 4	
	공연이나 축제 정보 소개하기	-도록	공연 및 전시회 안내 포스터 읽기 영화 감상문 읽기	추천할 만한 영화나 드라마 소개하기	-고 말다	의문문 억양
	의성어·의태어, 관용어 이용하여 반 친구에 대해 설명하기	-고 보니	좋아하는 한국 속담에 대한 발표문 읽기	좋아하는 한국 속담에 대한 발표문 쓰기	어찌나 -는지/(으)ㄴ지	'-거든요' 억양
	운동선수 인터뷰하기	여간 -지 않다	스포츠 발전에 대한 신문 사설 읽기 스포츠 발전에 대한 투고의 글 읽기	스포츠 발전을 주제로 토론하기	-(으)려야 -(으)ㄹ 수 없다	'ㅖ' 발음
	교통사고 감소 방안에 대해 말하기	-자면	계절별 사건·사고에 대한 설명문 읽기	계절별 사건·사고에 대한 설명문 쓰기	-는/(으)ㄴ 만큼	감탄문 억양
	옥상 정원 관리 방법에 대해 말하기	-(으)나 마나	반려동물의 현황과 문제에 대한 논설문 읽기 유기 동물 입양에 대한 설명문 읽기	반려동물 주제로 설문 조사하여 발표하기	(이)나 다름없다	받침 'ㅎ' 발음
	빛 공해, 소음 공해 경험에 대해 이야기하기	-(으)ㄴ 채로	미세 플라스틱 쓰레기 문제에 대한 논설문 읽기	환경 문제에 대한 주장하는 글 쓰기	-는/(으)ㄴ 법이다	끊어 읽기[3]
	과학 상식에 대해 이야기하기	-(으)ㄹ 뿐이다	생활 속 첨단 과학에 대한 설명문 읽기 과학 축제 안내 포스터 읽기	과학 축제 참여 제안하기	(이)란 ~을/를 말한다	'-(으)ㄹ걸요' 억양
	기억에 남는 사람에 대해 이야기하기	-는/(으)ㄴ 척하다	그리운 유학 생활에 대한 수필 읽기	친구에게 편지 쓰기	-던 때가 엊그제 같은데	구개음화

국민 한국어 4-2 등장인물

장핑
(중국)

마리
(프랑스)

투안
(베트남)

압둘라
(사우디아라비아)

간토야
(몽골)

바트
(몽골)

투이
(베트남)

제프리
(미국)

김윤아
(한국)

마키
(일본)

장설
(중국)

이리나
(러시아)

알렉세이
(러시아)

09

문화를 즐기는 삶

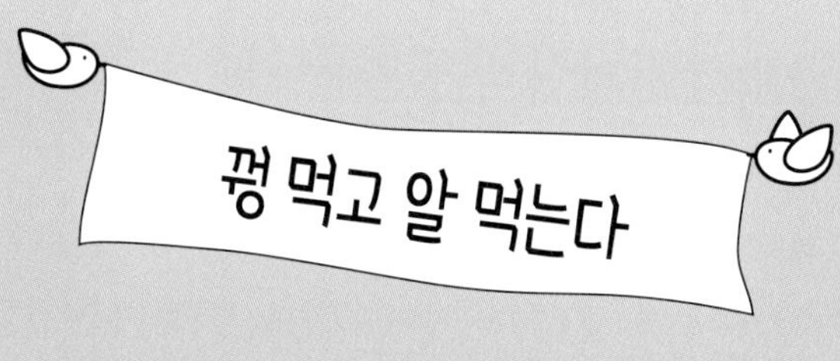

어휘·표현

문화생활 및 감상 관련 어휘, –적

말하기

문법 사동(–이–, –히–, –리–, –기–, –우–, –추–)

–길래

공연 감상 말하기

말하기 활동

연극하기

듣고 말하기

공연 감상 듣기

쉽게 즐길 수 있는 문화생활에 대한 대화 듣기

문법 –도록

읽고 말하기

공연 및 전시회 안내 포스터 읽기

영화 감상문 읽기

문법 –고 말다

09과 문화를 즐기는 삶

준비

- 문화생활에는 어떤 것이 있습니까?
- 문화생활을 하면 무엇이 좋습니까?

어휘 · 표현

1. 문화생활을 할 때 중요하게 생각하는 것은 무엇인지 알아봅시다.

영화

장르
감독
배경 음악
줄거리
결말
평점

콘서트

연주
가수의 가창력
가수의 춤 실력
무대
공연 분위기

전시회

작품
작가/화가
주제
작품 해설
관람료

연극

내용
배우
대사
연기력
작품성

- 여러분은 어떤 문화생활을 즐깁니까? 왜 그것을 즐깁니까?
- 문화생활을 할 때 중요하게 생각하는 것은 무엇입니까?

2. 공연을 본 느낌에 대한 표현을 알아봅시다.

흥겹다	실망스럽다	긴장감이 넘치다
가슴을 울리다	눈을 뗄 수 없다	향수를 불러일으키다

1) 저 노래 가사는 고향에 대한 ____________________아서/어서 들으면 고향에 가고 싶어져요.

2) 이 그림은 처음 봤을 때부터 __________앉어요/었어요. 그것밖에 안 보였다니까요.

3) 공연이 너무 __________아서/어서 저도 모르게 박수를 치면서 노래를 따라 불렀어요.

4) 평점이 높아서 봤는데 배우의 연기력이 기대에 못 미쳐서 __________았어요/었어요.

5) 마지막 액션 장면을 볼 때는 누가 이길지 몰라서 ______________던데요. 손에서 땀까지 났어요.

6) 어렸을 때 이 책을 읽고 큰 감동을 받았어요. 지금까지 생각날 정도로 ____________는/(으)ㄴ 작품이었어요.

3. '-적'이 사용된 어휘를 알아봅시다.

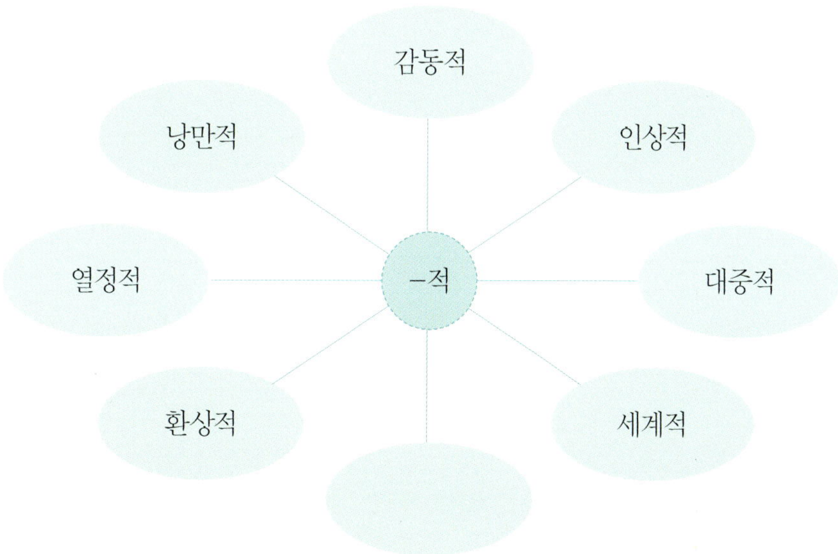

- 여러분의 기억에 남는 공연이 있습니까?
- 그 공연은 어떤 공연이었습니까?
- 공연을 보면서 어떤 느낌이 들었습니까?
- 실망스러운 공연을 본 적이 있습니까? 왜 실망스러웠습니까?

문법 1 사동

제가 강아지를 처음 키우는데 주의할 점이 있나요?

강아지한테 양파나 포도를 먹이면 안 돼요.

1. 다음과 같이 말해 봅시다.

1) **가:** 동생이 왜 울어요? (울다 → 울리다)
   나: 형이 동생을 울렸거든요.
2) **가:** 내일 중요한 시험이 있는데 못 일어날까 봐 걱정이에요. (깨다 → ______)
   나: 걱정하지 마세요. 제가 꼭 ○○ 씨를 ______아/어 줄게요.
3) **가:** 다음 회의는 언제가 좋은지 서로 시간을 ______아/어 봅시다. (맞다 → ______)
   나: 다음 주 수요일이 어떻습니까? 목요일이 공휴일이라서 부담이 적으니까요.
4) **가:** 비행기에 타실 승객들은 여권과 비행기표를 승무원에게 ______아/어 주시기 바랍니다. (보다 → ______)
   나: 네, 여기 있습니다.
5) **가:** 이리나 씨가 오늘 안 와서 모임 장소를 모를 텐데 어떻게 하지요? (알다 → ______)
   나: 제가 이리나 씨에게 장소를 ______아/어 주겠습니다.
6) **가:** 손님, 다 왔는데요. (서다 → ______)
   나: 저기 횡단보도 앞에 ______아/어 주세요.
7) **가:** 아이를 안고 있으니까 팔이 너무 아파요. (앉다 → ______)
   나: 계속 안고 있지 말고 아이를 여기에 ______(으)세요.
8) **가:** 노트북이 고장 나서 발표 준비를 못 하고 있어요. (맡다 → ______)
   나: 다음 주가 발표인데 서비스 센터에 빨리 ______(으)세요.

2. 아래의 단어를 사용해서 다음과 같이 대화해 봅시다.

키우다	읽히다	웃기다	먹이다	줄이다
붙이다	맡기다	남기다	끓이다	

가: 어떻게 하면 아이들의 상상력을 키울 수 있을까요?
나: 책을 많이 읽히세요.
가: 무슨 책이 좋을까요?
나: 여러 분야의 책을 다양하게 읽는 게 좋아요.
⋮

어떻게 하면 아이들의 상상력을 키울 수 있을까요?

왜 그렇게 웃어요? 또 바트 씨 때문에 웃는 거예요?

맛있는데 배가 불러서 다 못 먹겠어요.

안내문이 어디에 붙어 있으면 학생들이 잘 볼 수 있을까요?

새로 산 바지가 마음에 드는데 저한테 좀 길어요.

룸메이트가 배탈이 나서 아무것도 못 먹어요.

3. 팔을 다쳐서 친구에게 부탁을 하려고 합니다. 사동사를 사용해서 이야기해 봅시다.

문법 2 -길래

사과를 왜 이렇게 많이 샀어요?

오다가 보니까 싸게 팔길래 많이 샀어요.

1. 다음과 같이 말해 봅시다.

가: 쇼핑하러 간다고 했잖아요. 왜 집에 있어요?
나: 밖에 나갔는데 너무 덥길래 그냥 집에 왔어요.

1) 쇼핑하러 간다고 했잖아요. 왜 집에 있어요? (밖에 나갔는데 너무 덥다)
2) 이 책을 벌써 다 읽었어요? (내용이 재미있다)
3) 구경만 한다고 하더니 뭘 그렇게 많이 샀어요? (세일을 하다)
4) 마키 씨한테 왜 커피를 사다가 줬어요? (피곤해 보이다)
5) 왜 나한테 말도 안 하고 갔어? (자고 있다)
6) 왜 혼자 영화를 봤어요? (약속 시간이 세 시간이나 남았다)

2. 다음과 같이 대화해 봅시다.

가: 요즘 까만색 옷만 입는 것 같아요.
나: 까만색 옷이 날씬해 보인다길래 자주 입어요.
가: 왜 그렇게 외모에 신경을 써요? 좋아하는 사람 생겼어요?
나: 그게 아니고 배가 자꾸 나와서 스트레스를 받고 있거든요.
⋮

요즘 까만색 옷만 입는 것 같아요.

왜 한라산에 가려고 해요?

왜 라면에 치즈를 넣어요?

얼마 전에 고향에 갔다 왔잖아요. 그런데 또 가요?

공포 영화 싫어하는데 왜 봤어요?

컴퓨터며 외국어며 배우는 게 참 많네요.

3. 다음은 새로 알게 된 상황으로 인해 내가 한 행동입니다. 친구와 같이 이야기해 봅시다.

밤에 사무실에 불이 켜져 있어서 들어가 봤다.

백화점 세일 중이어서 옷을 많이 샀다.

친구 방에서 이상한 소리가 나서 친구 방에 갔다.

스포츠 센터에서 3개월을 등록하면 할인해 준다고 해서 등록했다.

학교 앞에 생긴 빵집의 케이크가 맛있어서 학교에 사 왔다.

말하기

- 여러분은 공연을 관람한 후에 어떻게 이야기합니까?

- 다음 표현을 사용해서 말해 봅시다.

사용할 수 있는 상황	표현
확인할 때	-지요?
이유 말할 때	-길래 -아요/어요
추측할 때	-겠네요
감상 말할 때	-는/(으)ㄴ 데다가 -던데요

가

__지요?
(주말에 연극을 관람했다)

나

__길래 __아요/어요.
(좋아하는 배우가 출연하는 연극이 있다 - 봤다)

가

__겠네요.
(머리도 식히고 좋았다)

나

__는/(으)ㄴ 데다가 __던데요.
(내용도 감동적이다 - 배우들의 연기도 인상적이다)

- 다음 대화를 들어 봅시다. 09-1

제프리	마키 씨, 주말에 연극을 관람했지요?
마키	제가 연극 관람한 걸 어떻게 알았어요?
제프리	다 아는 방법이 있지요.
마키	어머, 저 따라다니는 거예요? 아니, 농담이에요. 제프리 씨도 주말에 그 연극 보러 갔어요?
제프리	아니요, 실은 마키 씨가 블로그에 올린 사진을 봤어요.
마키	아, 그랬어요? 요즘 해야 할 일도 많고 해서 머리가 너무 아팠거든요. 그런데 마침 좋아하는 배우가 출연하는 연극이 있길래 봤어요.
제프리	머리도 식히고 좋았겠네요.
마키	네, 내용도 감동적인 데다가 배우들의 연기도 인상적이던데요. 좋은 공연은 사람들을 웃기기도 하고 울리기도 하는 힘이 있는 것 같아요.

1. 확인해 봅시다.

1) 마키는 왜 그 연극을 봤습니까?

2) 마키가 본 연극은 어땠습니까?

3) 마키는 좋은 공연이 사람들에게 어떤 영향을 준다고 생각합니까?

2. 대화를 바꿔 말해 봅시다.

연극을 관람했다	마키 씨가 블로그에 올린 사진을 봤다	마침 좋아하는 배우가 출연하는 연극이 있다 – 봤다	내용도 감동적이다 – 배우들의 연기도 인상적이다	공연
콘서트에 갔다	마키 씨가 친구하고 나누는 이야기를 들었다	공연을 보면 스트레스가 풀린다고 하다 – 관람했다	가수들의 가창력도 대단하다 – 연주자들의 연주도 훌륭하다	공연
뮤지컬을 봤다	공연장 앞을 지나가다가 마키 씨가 기다리는 것을 봤다	외국인에게 할인을 해 주는 뮤지컬이 있다 – 보러 갔다	무대도 환상적이다 – 출연자들의 춤과 연기에서 눈을 뗄 수 없다	공연
사진전에 갔다	친구가 거기에서 마키 씨를 봤다고 했다	친구가 같이 가자고 하다 – 같이 갔다	작품 해설도 재미있다 – 옛날 사진들도 향수를 불러일으키다	전시

말하기 활동

- 4~5명이 한 팀이 되어서 연극을 해 봅시다.

1. 다음은 '흥부와 놀부'의 줄거리입니다. 읽어 봅시다.

옛날에 흥부와 놀부라는 형제가 살았습니다. 아버지가 돌아가실 때 형제에게 많은 재산을 주었는데 형 놀부는 혼자 재산을 모두 가지고 동생 흥부를 집에서 내쫓았습니다. 착한 흥부는 가족들과 작고 낡은 집에서 밥도 먹지 못하고 살았지만 형을 미워하지 않았습니다. 그러던 어느 날 흥부는 다리를 다친 새를 보고 새의 다리를 치료해 주었고 그 새는 흥부에게 박씨를 선물로 주었습니다. 흥부는 그 박씨를 심었는데 다음 해가 되자 큰 박이 열렸습니다. 그리고 흥부 가족이 그 박을 자르자 박 안에서 금과 은 같은 보물이 나와서 흥부는 부자가 되었습니다. 이 소문을 들은 놀부는 새를 잡아서 다리를 부러뜨린 후 다시 치료해 주었고 그 새도 놀부에게 박씨를 주었습니다. 놀부도 흥부처럼 박을 심었고 그게 자란 박을 자르니까 그 속에서 도깨비가 나와서 놀부의 재산을 모두 가져가 버렸습니다. 이렇게 거지가 된 놀부는 흥부에게 미안하다고 말하고 두 형제는 행복하게 살았습니다.

2. 아래 그림을 보고 대사를 만들어 봅시다.

놀부:

흥부:

아이들:

흥부 부인:

흥부:

흥부:

새:

흥부:

아이들:

흥부:

흥부 부인:

아이들:

놀부:

새:

놀부 부인:

놀부:

도깨비:

놀부:

흥부:

3. 위에서 만든 대사를 외워서 연기해 봅시다.

듣고 말하기

● 준비해 봅시다.

- 여러분은 무슨 공연을 본 적이 있습니까?
- 그 공연은 어땠습니까?

들어 봅시다 1

● 다음 대화를 들어 봅시다. 09-2

1. 무엇에 대한 내용입니까?

2. 록 페스티벌은 어떤 축제입니까?

3. 맞는 것에 모두 ✓ 표시를 하십시오.

   □ 남자는 친구가 록 페스티벌에 가자고 해서 다녀왔다.
   □ 록 페스티벌에서는 유명한 그룹의 공연을 볼 수 있다.
   □ 남자는 시간이 가는 것을 모를 정도로 록 페스티벌을 즐겼다.
   □ 록 페스티벌에서는 가수들의 노래보다 연주자들의 연주가 더 훌륭했다.
   □ 록 페스티벌은 밖에서 하는 공연이어서 자유로운 분위기를 느낄 수 있었다.

새 단어

록 페스티벌　　록　　신인　　그룹　　팬

들어 봅시다 2

다음 대화를 들어 봅시다. 09-3

1. 무엇에 대한 내용입니까?

2. 여자가 남자에게 준 할인 정보는 무엇입니까?

영화	
오페라·발레	

3. 맞는 것에 모두 ✓ 표시를 하십시오.

□ 남자는 몇 달 동안 공연을 보지 못했다.
□ 남자의 친구들은 영화 '친구와 함께'를 보고 감동을 받았다.
□ 주말에는 영화관에 사람이 많아서 영화를 보려면 빨리 가야 한다.
□ 매일 첫 공연은 천 원에 관람할 수 있다.

4. 다음을 듣고 억양에 주의하면서 따라 해 봅시다. 09-4

1) 주말에 좋은 일 있었어요?
2) 3일이나 공연을 했어요?
3) 뭘 그렇게 보고 있어요?
4) 왜 그렇게 일찍 보려고 해요?

새 단어

상영하다 오페라 발레 무용

말해 봅시다

인터넷에서 공연이나 축제 정보를 찾아서 친구에게 소개해 봅시다.

무료 공연 지역 축제 봄 축제
ㅇ월 축제 공연 할인 무료 전시회

문법 3 -도록

1. 다시 들어 봅시다. 09-5

저도 록 페스티벌을 본 후로 몇 달이 **지나도록** 공연을 못 봤는데 괜찮은 공연 있으면 같이 봐요.

2. 다음과 같이 말해 봅시다.

배가 터지다 – 먹다	눈이 퉁퉁 붓다 – 울다	입이 닳다 – 말하다
귀에 못이 박히다 – 듣다	눈이 빠지다 – 기다리다	입에 침이 마르다 – 칭찬하다

1) **가:** ○○ 씨는 진짜 단어를 열심히 외우는 것 같아요.
   나: 선생님한테서 단어가 중요하다고 귀에 못이 박히도록 들었거든요.
2) **가:** 이번 방학에 유럽에 간다고 했지요? 여행 준비는 다 했어요?
   나: 그럼요. 이제는 방학하는 날만 ________________.
3) **가:** 대학 수영 대회에서 제프리 씨가 1등을 했대요.
   나: 정말 대단해요. 교수님도 ________________.
4) **가:** 장설 씨가 대학 입학 시험에서 떨어졌다면서요?
   나: 네. 장설 씨가 그것을 알고 ________________.
5) **가:** 선생님, 제가 왜 유급했어요?
   나: 지각을 많이 했잖아요. 제가 지각하지 말라고 ________________.
6) **가:** 어제 세계 음식 축제에 갔다 왔다면서요?
   나: 네. 음식이 정말 맛있어서 ________________.

3. 아래 말을 이용해서 다음과 같이 대화해 봅시다.

- 드라마가 너무 재미있어서 새벽 4시가 될 때까지 봤어요.
- 남자 친구/여자 친구와 싸운 후에 1주일이 넘을 때까지 연락을 안 했어요.
- 친구하고 약속을 했는데 약속 시간이 2시간이 지날 때까지 친구가 안 왔어요.
- 밤샐 때까지 전시회를 준비했어요.

가: 드라마가 너무 재미있어서 새벽 4시가 될 때까지 봤어요.
나: 새벽 4시가 되도록 드라마를 봤어요? 무슨 드라마인데 그렇게 재미있어요?
가: '내 친구 김순희'요. 요즘 진짜 인기 있는 드라마예요.
나: 저도 제목은 들어 봤어요. 무슨 내용인데요?
⋮

문법 4 -고 말다

1. 다음 문장을 읽어 봅시다.

아들은 중학교 때 따돌림을 당해서 자살을 시도했고 이 일로 인해 결국 학교를 **그만두고 말았다.**

2. 다음과 같이 말해 봅시다.

1) **가:** 눈이 심하게 충혈이 됐네요. 잠을 못 잤어요?
   나: 새로 나온 게임이 있어서요. 한 시간만 하려다가 밤을 새우고 말았어요.
2) **가:** 어제 사 놓은 초콜릿 다 먹었어?
   나: 맛있어서 한 개, 두 개 먹다 보니까 ______________. 다이어트 중인데 후회돼.
3) **가:** 어제 일찍 온다고 했잖아요. 그런데 오늘 또 지각했네요.
   나: 선생님, 죄송합니다. 알람을 맞춰 놓았는데도 ______________.
4) **가:** 어머니 건강이 나빠지셔서 투이 씨가 ______________.
   나: 고향으로 돌아갔다고요? 얼굴도 못 보고 가다니 너무 섭섭해요.
5) **가:** 면접시험 보러 간다고 했잖아요. 어떻게 됐어요?
   나: 열심히 준비해서 이번에 될 줄 알았는데 ______________. 너무 속상해요.
6) **가:** 축구 경기 어떻게 됐어요? 우리 나라가 이겼어요?
   나: 아니요, 처음에는 이기고 있었는데 결국 ______________. 안타까워요.

3. 아래 말을 이용해서 다음과 같이 대화해 봅시다.

드라마 끝났어요? 마지막 회를 놓치다니……. 여자 주인공은 어떻게 됐어요?

어제 한 말 내가 비밀이라고 했는데 혹시 다른 사람에게 말한 건 아니겠지?

돈이 없다고 했잖아요. 그런데 이 옷을 다 산 거예요?

윤아 씨 집들이에 왜 안 왔어요? 다들 기다렸는데…….

가: 드라마 끝났어요? 마지막 회를 놓치다니……. 여자 주인공은 어떻게 됐어요?
나: 수술이 잘돼서 살 수 있을 줄 알았는데 결국 죽고 말았어요.
가: 행복한 결말이었으면 좋았을 텐데요. 아쉽네요.
나: 그래도 눈물 좀 흘리는 것이 드라마의 매력이지요.

⋮

읽고 말하기

● 준비해 봅시다.

- 특별한 공연이나 전시에 대해서 들은 적이 있습니까? 어떤 공연입니까?

읽어 봅시다 1

● 다음 안내문을 읽어 봅시다.

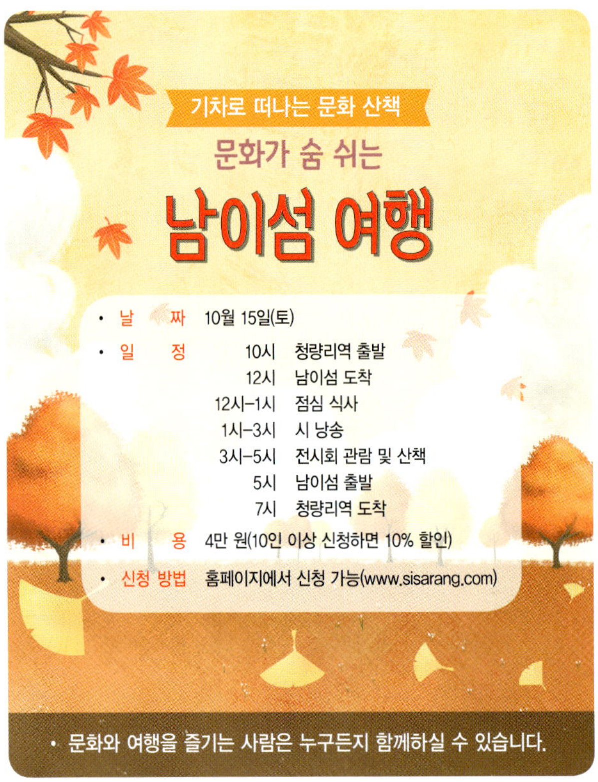

시각 장애인 사진 전시회

마음으로 전하는 이야기

눈이 아닌 마음으로 보는 세상에 당신을 초대합니다.

- 전시 기간 : 8.1.(월)~8.14.(일)
- 전시 장소 : 서울 장애인 센터
- 전시 문의 : 02) 777-1004

• 이 전시회는 무료입니다. 시각 장애인들이 직접 촬영한 사진을 감상하시고 장애인들이 꿈을 펼칠 수 있게 후원자가 되어 주시기 바랍니다.

1. 각 안내문의 내용과 맞는 것을 연결하십시오.

꿈을 담은 하모니	•	•	노인들이 준비한 음악회
문화가 숨 쉬는 남이섬 여행	•	•	앞을 볼 수 없는 사람들의 사진전
마음으로 전하는 이야기	•	•	기차를 타고 가서 즐기는 문화생활

2. 맞는 것에 모두 ✓ 표시를 하십시오.

꿈을 담은 하모니	□ 성북구에 사는 사람은 돈을 내지 않고 공연 관람이 가능하다. □ 전화로 표를 예매해야 한다.
문화가 숨 쉬는 남이섬 여행	□ 시를 들어 보는 기회를 가질 수 있다. □ 단체로 신청하면 할인을 받을 수 있다. □ 여행 동호회 사람들을 위한 행사이다.
마음으로 전하는 이야기	□ 이 전시회는 한 달 동안 진행된다. □ 전시회를 본 후 장애인들을 돕고 싶으면 돈을 낼 수 있다.

새 단어

전시 오케스트라 하모니 청량리역 낭송 함께하다 시각 장애인 펼치다 후원자

읽어 봅시다 2

● 다음 영화 감상문을 읽어 봅시다.

나는 한국에서 유학하고 있는 외국인 유학생이다. 영화를 정말 좋아하지만 한국에 온 후에는 인터넷으로만 영화를 봤다. 그런데 한국의 극장도 한번 가 볼 생각으로 주말에 극장을 찾았다. 주말이라서 그런지 생각보다 극장에 사람들이 많았다. 다른 사람들은 무슨 영화를 볼까 고민하면서 영화 포스터를 보고 있었지만 나는 바로 매표소로 향했다. 왜냐하면 나는 볼 영화를 미리 정했기 때문이다. 내가 볼 영화는 개봉 2주 만에 천만 관객이 본 화제의 영화 '아버지의 선물'이었다. 영화관의 꽃인 팝콘과 콜라를 사 들고 상영관에 들어가 자리에 앉았다. 한국에서 처음 영화관을 찾아서 그런지 가슴이 두근거렸다. 드디어 영화가 시작되었다.

이 영화는 머리가 하얀 중년의 남자가 공부에 열중하는 장면으로 시작되었다. 방 안에는 수많은 책들이 놓여 있고 남자는 책상 앞에서 열심히 수학 문제를 풀고 있었다. 그리고 그 옆에는 졸고 있는 남학생이 한 명 있는데 이 두 사람은 무슨 관계일까? 공부하는 선생님과 노는 학생? 아니다. 바로 아버지와 아들이다. 아들은 중학교 때 따돌림을 당해서 자살을 시도했고 이 일로 인해 결국 학교를 그만두고 말았다. 그래서 아버지는 아들의 하나뿐인 선생님이 되기로 결심하게 되었다. 그런데 아버지는 어린 시절에 가정 형편이 어려워서 공부를 할 수 없었기 때문에 모르는 것이 많았다. 그렇지만 스스로 찾고 배워 가면서 아들을 사랑으로 가르쳐 최고의 대학교에 합격시킨다는 행복한 결말이었다. 영화 중간에는 아들의 닫힌 마음 때문에 여러 크고 작은 갈등이 생겼는데 이러한 갈등을 아버지의 사랑으로 극복하는 과정이 감동적이고 재미있게 그려졌다. 그리고 마지막 장면에서 '우리 모두는 누군가에게서 사랑을 받고 있고 세상은 아직 살 만하다.'라고 하는 가슴을 울리는 대사를 남기면서 영화는 끝났다.

오랜만에 아주 감동적인 영화 한 편을 만났다. 영화에서 아버지와 아들이 싸웠다가 화해하고, 오해했다가 풀리는 과정을 보면서 고향에 계신 아버지 생각이 나서 결국 참았던 눈물을 흘리고 말았다. 나는 이 영화를 보면서 잊고 있었던 아버지의 사랑을 다시 한번 느낄 수 있었다. 혹시 무슨 영화를 볼지 고민하고 있는 사람이 있다면 이 영화를 꼭 추천하고 싶다.

1. 각 단락은 무엇에 대한 내용인지 쓰십시오.

1단락	
2단락	
3단락	

2. 글쓴이는 왜 극장에 갔습니까?

3. 글쓴이는 영화를 보면서 왜 울었습니까?

4. 영화 내용에 대해서 맞는 것에 모두 ✓ 표시를 하십시오.

☐ 아버지와 아들은 같이 학교에 다녔다.
☐ 아버지도 공부를 해 가면서 아들을 가르쳤다.
☐ 아들은 다른 학생들과 생긴 문제 때문에 학교에 계속 다닐 수 없었다.
☐ 아버지와 아들은 끝까지 좋은 관계가 되지 못했다.

새 단어

감상문 포스터 매표소 개봉 관객 화제 상영관 두근거리다 드디어
중년 열중하다 수많다 따돌림 자살 시도하다 형편 합격시키다 닫히다
편(영화 한 편) 오해하다

말해 봅시다

여러분이 본 감동적인 영화나 드라마는 무엇입니까? 다음의 내용이 모두 들어갈 수 있도록 간단히 메모를 한 후 친구에게 추천해 봅시다.

제목:

줄거리

등장인물

감동적인 장면·대사

감상

평점

MEMO

10

재미있는 한국어

말 뒤에 말이 있다

어휘·표현

의성어·의태어, 속담

말하기

문법 –ㄴ다고/는다고/다고

–(으)ㄹ 게 아니라

속담 인용해서 조언하기

말하기 활동

속담 사용해서 대화하기

듣고 말하기

만나고 싶은 이성 친구에 대한 대화 듣기

이해할 수 없었던 한국어 표현에 대한 대화 듣기

문법 –고 보니

읽고 쓰기

좋아하는 한국 속담에 대한 발표문 읽기

문법 어찌나 –는지/(으)ㄴ지

10과 재미있는 한국어

준비

- 한국어의 재미있는 표현을 압니까? 어떤 것이 있습니까?

- 한국어의 표현 중에서 이해하지 못했던 것이 있습니까?

어휘 · 표현

1. 소리를 나타내는 표현을 알아봅시다.

소곤소곤	콜록콜록	엉엉	쩝쩝	꼬르륵

1) 아이가 __________ 우는 걸 보니까 엄마를 잃어버린 것 같다.
2) 동생이 깰까 봐 엄마에게 작은 소리로 __________ 말했다.
3) 환절기여서 그런지 __________ 기침을 하는 사람이 늘어났다.
4) 먹을 때 __________ 소리를 내면서 먹는 버릇을 고쳐야겠다.
5) 수업 시간에 배에서 __________ 소리가 나서 창피했다.

2. 행동을 나타내는 표현을 알아봅시다.

헐레벌떡	꾸벅꾸벅	느릿느릿	뻘뻘	활짝

1) 시험 시작 시간이 5분밖에 남지 않아서 __________ 뛰어서 왔더니 너무 힘들었다.
2) 친구가 멀리서 나를 보고 __________ 웃으면서 다가왔다.
3) 면접 때 교수님이 하신 어려운 질문에 대답하느라고 힘들어서 땀을 __________ 흘렸다.
4) 나는 모든 일을 빨리 하는데 내 친구는 나와 달리 __________ 행동한다.
5) 친구가 점심 때 밥을 많이 먹더니 공부하면서 __________ 졸고 있다.

3. 여러 가지 속담을 알아봅시다.

갈수록 태산 | 말이 씨가 된다 | 시작이 반이다 | 같은 값이면 다홍치마
개구리 올챙이 적 생각 못 한다 | 세 살 적 버릇 여든까지 간다 | 우물 안 개구리
말 한마디에 천 냥 빚도 갚는다 | 낮말은 새가 듣고 밤말은 쥐가 듣는다
가는 날이 장날 | 고생 끝에 낙이 온다 | 가는 말이 고와야 오는 말이 곱다

- 여러분의 모국어에도 위의 속담들과 의미가 비슷한 속담이 있습니까?
- 위의 속담 중에서 제일 마음에 드는 속담은 무엇입니까?

문법 1 -ㄴ다고/는다고/다고

이건 비밀인데 알렉세이 씨한테만 말해 줄게요.

낮말은 새가 듣고 밤말은 쥐가 듣는다고 다른 데로 가서 이야기해요.

1. 다음과 같이 말해 봅시다.

> 가: 두 컴퓨터가 가격도 같고 기능도 비슷한데 뭘 살까요?
> 나: 같은 값이면 다홍치마라고 디자인이 예쁜 것이 나아요.

1) 두 컴퓨터가 가격도 같고 기능도 비슷한데 뭘 살까요? (같은 값이면 다홍치마 – 디자인이 예쁜 것이 낫다)
2) 숙제가 많이 밀렸는데 언제 다 할지 걱정이에요. (시작이 반 – 일단 시작하면 금방 할 것이다)
3) 월급은 그대로인데 물가도 오르고 집값도 오르네요. (갈수록 태산 – 점점 살기가 어려워지다)
4) 제 동생은 긴장하면 다리를 떠는 버릇이 있어요.
   (세 살 적 버릇 여든까지 간다 – 안 좋은 버릇은 빨리 고치게 해야 하다)
5) 저 이번 시험에서 떨어질 것 같아요. (말이 씨가 된다 – 자꾸 그런 이야기를 하면 안 되다)
6) 친구가 나한테 화가 많이 났는데 사과하면 받아 줄까요?
   (말 한마디에 천 냥 빚도 갚는다 – 진심으로 사과하면 이해해 줄 것이다)

2. 아래 속담을 사용해서 다음과 같이 대화해 봅시다.

시작이 반이다	가는 날이 장날
고생 끝에 낙이 온다	개구리 올챙이 적 생각 못 한다
가는 말이 고와야 오는 말이 곱다	낮말은 새가 듣고 밤말은 쥐가 듣는다

가: 방학 때 해외여행 간다고 하더니 돈 많이 모았어요?
나: 네, 지난주부터 아르바이트를 시작하긴 했는데 언제 다 모을 수 있을지 걱정이에요.
가: 시작이 반이라고 금방 돈을 모을 수 있을 거예요.
나: 네, 그랬으면 좋겠어요.

⋮

방학 때 해외여행 간다고 하더니 돈 많이 모았어요?

시험 준비 잘돼요?

어제 백화점에 간다고 하더니 많이 샀어요?

할 말이 있는데 조용한 데로 갈까요?

배우 이지훈 씨가 유명해지더니 다른 배우들을 무시한대요.

청소 때문에 룸메이트에게 짜증을 냈더니 저에게 화를 내더라고요.

3. 다음 상황을 보고 어울리는 속담을 사용해서 이야기해 봅시다.

상황	속담
시험이 끝났지만 내일 발표가 있고 주말에는 한국어능력시험도 있다.	갈수록 태산이다
테니스를 배워 보고 싶은데 동아리에 가입할지 말지 고민 중이다.	
새로 사귄 1급 친구와 한국말로 이야기하는 것이 너무 답답하다.	
댄스 대회에 나가려고 연습하는데 너무 힘들다.	

문법 2 -(으)ㄹ 게 아니라

주말에 집에만 있으니까 심심해요.

집에만 있을 게 아니라 산책이라도 하세요.

1. 다음과 같이 말해 봅시다.

> 가: 매일 단어를 외우는데도 한국어 실력이 별로 안 늘어요.
>
> 나: 단어만 외울 게 아니라 말하기 연습도 하세요.

1) 매일 단어를 외우는데도 한국어 실력이 별로 안 늘어요. (말하기 연습도 하다)
2) 건강해지려고 건강식품을 여러 가지 먹고 있어요. (운동을 꾸준히 하다)
3) 배가 아파서 집에 있는 약을 먹었는데 낫지 않아요. (병원에 가 보다)
4) 기분이 우울해서 음악을 들었더니 더 우울해졌어요. (밖에서 산책을 하다)
5) 동아리에 가입하고 싶어서 인터넷으로 찾아보고 있어요. (동아리 방에 직접 가서 물어보다)
6) 휴대폰이 이상해졌는데 직접 고쳐야겠어요. (수리비가 비싸도 서비스 센터에 맡기다)

2. 다음과 같이 대화해 봅시다.

> 가: 저녁에 뭐 먹을까요?
>
> 나: 글쎄요, 배달을 시켜서 먹을까요?
>
> 가: 집에 재료가 많으니까 시켜 먹을 게 아니라 집에서 만들어 먹는 게 어때요?
>
> 나: ○○ 씨만 괜찮으면 저는 좋아요.
>
> ⋮

저녁에 뭐 먹을까요?

어디에서 장을 볼까요?

수업 끝나고 어디에서 만날까요?

룸메이트가 밤에 음악을 들어서 시끄러운데 그냥 참고 있어요.

인터넷으로 옷을 사면 마음에 안 들 때가 많아요.

한국 문화를 알고 싶어서 한국에 대한 책을 많이 읽어요.

3. 나의 고민과 그 고민을 해결하기 위해서 내가 하는 일을 말하고, 여러 친구들에게 조언을 받아 봅시다.

나의 고민	고민을 해결하기 위해서 내가 하는 일	친구들의 조언
밤에 잠이 안 온다.	잠이 올 때까지 핸드폰을 본다.	• 조용한 음악을 들어 보세요. • •
룸메이트와 성격이 안 맞는다.		• • •
옷을 잘 입고 싶은데 잘 안된다.		• • •
		• • •

말하기

- 여러분은 속담을 사용해서 조언할 때 어떻게 말합니까?

- 다음 표현을 사용해서 말해 봅시다.

사용할 수 있는 상황	표현
걱정 표현할 때	무슨 일 있어요? -는데요/(으)ㄴ데요
상황 설명할 때	-아서/어서 그래요
속담 인용해서 조언할 때	-ㄴ다고/는다고/다고 -아요/어요
결심 말할 때	-아야겠어요/어야겠어요
다른 것 제안할 때	-(으)ㄹ 게 아니라 -지 그래요?

가

무슨 일 있어요? _는데요/(으)ㄴ데요.
(얼굴이 안 좋다)

나

_아서/어서 그래요.
(장핑 씨하고 사이가 좀 어색해지다)

가

_ㄴ다고/는다고/다고 _아요/어요.
(말 한마디에 천 냥 빚도 갚는다 - 지금이라도 사과하는 게 좋을 것이다)

나

_아야겠어요/어야겠어요.
(미안하다고 메시지를 보내다)

가

_(으)ㄹ 게 아니라 _지 그래요?
(메시지를 보내다 - 직접 만나서 이야기하다)

- 다음 대화를 들어 봅시다. 10-1

투안 이리나 씨, 무슨 일 있어요? 얼굴이 안 좋은데요.
이리나 장핑 씨하고 사이가 좀 어색해져서 그래요.
투안 왜요? 둘이 친하잖아요.
이리나 장핑 씨하고 만나기로 했는데 제가 깜빡하고 안 나갔거든요.
투안 장핑 씨가 화났겠네요. 사과는 했어요?
이리나 아니요, 사과할 기회가 없어서 아직 못 했어요.
투안 말 한마디에 천 냥 빚도 갚는다고 지금이라도 사과하는 게 좋을 거예요.
이리나 그럼 미안하다고 메시지를 보내야겠어요.
투안 메시지를 보낼 게 아니라 직접 만나서 이야기하지 그래요?

1. 확인해 봅시다.

1) 이리나는 무슨 문제가 있습니까?

2) 왜 그런 문제가 생겼습니까?

3) 투안은 이리나에게 어떻게 하라고 했습니까?

2. 대화를 바꿔 말해 봅시다.

장핑 씨하고 만나기로 했다 – 내가 깜빡하고 안 나갔다	말 한마디에 천 냥 빚도 갚는다 – 지금이라도 사과하는 게 좋을 것이다
압둘라 씨가 내 옷에 커피를 쏟았다 – 나도 모르게 심한 말을 했다	가는 말이 고와야 오는 말이 곱다 – 아무리 화가 나도 심한 말을 하는 것은 좋지 않다
조용한 방에서 마리 씨의 비밀 이야기를 했다 – 들은 사람이 있었고, 마리 씨도 다른 사람이 들은 것을 알게 됐다	낮말은 새가 듣고 밤말은 쥐가 듣는다 – 사람이 없는 것 같아도 말조심을 해야 하다
제니 씨가 자주 지각해서 내가 제니 씨에게 4급에 못 갈 거라고 말했다 – 정말로 유급을 했다	말이 씨가 된다 – 부정적인 말보다는 긍정적인 말을 하면 더 좋을 것이다

말하기 활동

● 속담을 사용해 대화를 만들고 발표해 봅시다. 다른 사람의 발표를 듣고 무슨 속담인지 맞혀 봅시다.

1. 아래 속담들로 대화를 만들어 보십시오.

금강산도 식후경	남의 떡이 더 커 보인다	윗물이 맑아야 아랫물이 맑다
호랑이도 제 말 하면 온다	______	______

2. 대화를 발표해 보십시오. 속담 부분은 '삐-'라고 말하십시오.

> **가:** 새로 이사한 집 어때요?
> **나:** 그냥 그래요.
> **가:** 왜요? 처음에는 집이 마음에 든다고 했잖아요.
> **나:** 투이 씨 집에 가 보니까 그 집이 더 좋아 보이더라고요.
> **가:** 그래요? 제가 보기에는 두 집이 비슷한 것 같던데요.
> **나:** 아니에요. 투이 씨 집이 우리 집보다 창문도 더 크고 방도 더 넓어 보이고……. 좀 더 알아보고 이사할 걸 그랬어요.
> **가:** '삐-'는다고 원래 다른 사람 것이 더 좋아 보이기 마련이에요.

3. 다른 사람이 발표하는 대화를 잘 듣고 어떤 속담인지 맞혀 보십시오.

듣고 말하기

● 준비해 봅시다.

- 이성 친구를 만날 때 중요하게 생각하는 것은 무엇입니까?
- 한국 친구와 대화하면서 말이 통하지 않았던 경험이 있습니까?

들어 봅시다 1

● 다음 대화를 들어 봅시다. 10-2

1. 여자는 남자에게 무엇을 부탁했습니까?

2. 맞는 것에 모두 ✓ 표시를 하십시오.

   □ 여자는 웃는 얼굴이 예쁜 편이다.
   □ 여자는 음식을 잘 만드는 남자를 좋아한다.
   □ 여자는 자기의 말을 잘 들어 주는 남자를 만나고 싶어 한다.

3. 다음 말의 뜻으로 맞는 것에 ✓ 표시를 하십시오.

   다리를 놓다

   □ 중간에서 두 사람을 소개하다 □ 다른 사람에게 말을 전하다

   어깨가 무겁다

   □ 큰 책임감을 느끼다 □ 다른 사람에게 부탁할 일이 생기다

새 단어

다리를 놓다 까다롭다 어깨가 무겁다 부담

들어 봅시다 2

● 다음 대화를 들어 봅시다. 10-3

1. 무엇에 대해서 이야기했습니까? 모두 ✔ 표시를 하십시오.

□ 소개받은 남자의 외모
□ 소개받은 남자와 한 이야기
□ 이해할 수 없는 한국어 표현
□ 여자에게 급한 일이 생긴 이유

2. 맞는 것에 모두 ✔ 표시를 하십시오.

□ 남자와 여자는 어렸을 때부터 친구였다.
□ 어지는 소개받은 남자와 한국어로 이야기했다.
□ 여자는 소개받은 남자를 만나러 병원에 갈 것이다.

3. 다음 말의 뜻으로 맞는 것에 ✔ 표시를 하십시오.

귀가 가렵다

□ 다른 사람이 하는 말을 듣기가 싫다　　□ 다른 사람이 자기 이야기를 하는 것 같다

발등에 불이 떨어지다

□ 갑자기 급한 일이 생기다　　□ 발 위에 상처가 생기다

믿는 도끼에 발등 찍힌다

□ 다른 사람을 믿는 것이 중요하다　　□ 믿었던 사람에게 배신을 당하다

4. 다음을 듣고 억양에 주의하면서 따라 해 봅시다. 10-4

1) 저는 웃을 때 예쁜 사람이 좋아요. 웃는 얼굴을 보면 저도 기분이 좋아지거든요.
2) 잘 먹는 사람이면 좋겠어요. 같이 맛집을 찾아다니고 싶거든요.
3) 제가 병원에 가 보라고 했거든요. 그런데 그 사람이 웃더라고요.
4) 제가 요즘 수영을 배우고 있거든요. 정말 재미있어요.

새 단어

어쩐지　귀가 가렵다　발등에 불이 떨어지다　발등　찍히다　믿는 도끼에 발등 찍힌다　배신

말해 봅시다

● 다음의 표현을 사용해서 우리 반 친구들에 대해서 이야기해 봅시다.

꼬르륵	헐레벌떡	콜록콜록	활짝
느릿느릿	꾸벅꾸벅	소곤소곤	뻘뻘
눈이 높다		발이 넓다	
귀를 기울이다		발등에 불이 떨어지다	

문법 3 -고 보니

1. 다시 들어 봅시다. 10-5

민호 발등에 불이 떨어졌다는 말은 일이 아주 급해졌다는 말이에요. 정말로 발 위에 불이 떨어진 게 아니에요.

마키 아, 발등에 불이 떨어지면 급하게 꺼야 하니까 그런 거구나. 민호 씨 말을 **듣고 보니** 이거하고 비슷한 말을 전에 들어 본 것 같아요.

2. 다음과 같이 말해 봅시다.

1) **가:** 버스를 잘못 타서 지각했다면서요? (반대 방향이었다)
나: 네, 국민대학교 방향인 줄 알았는데 타고 보니 반대 방향이었어요.

2) **가:** 대학교 입학하니까 좋아요? (한국어를 배울 때가 그립다)
나: 대학교에 들어가면 좋을 줄 알았는데 ______________________.

3) **가:** 왜 이렇게 음식이 많이 남았어요? (너무 많이 만들었다)
나: 부족할까 봐 많이 준비했는데 ______________________.

4) **가:** 한국어능력시험 신청을 잘 했어요? (토픽I을 신청했다)
나: ______________________.

5) **가:** 이삿짐을 다 정리했어요? (책 몇 권이 없어졌다)
나: ______________________.

6) **가:** 요즘 짧은 치마가 유행이래요. (길에 짧은 치마를 입은 사람이 많다)
나: ______________________.

3. 아래 내용에 대해서 다음과 같이 대화해 봅시다.

- 룸메이트와 생활하면서 새로 알게 된 것
- 유학 생활을 시작하고 알게 된 것
- 몰랐다가 친구의 말을 듣고 알게 된 것

가: 룸메이트하고 많이 친해졌어요?
나: 네, 첫인상은 좀 무뚝뚝해 보였는데 제가 잘못 생각한 거였어요.
가: 다행이네요. 성격이 첫인상하고 다른가 봐요.
나: 네, 몇 번 이야기하고 보니 정도 많고 다정한 사람이더라고요.
⋮

문법 4 어찌나 -는지/(으)ㄴ지

1. 다음 문장을 읽어 봅시다.

고등학교 3학년 때는 지역 축구 대회에서 저희 팀이 1위를 하고 저는 그 대회의 최우수 선수로 뽑혔습니다. 그때 **어찌나 기쁜지** 하늘을 나는 것 같았습니다.

2. 다음과 같이 말해 봅시다.

1) **가:** 우리 학교는 겨울에 눈이 오면 정말 예쁘지 않아요?
   나: 네, 어찌나 아름다운지 그림을 보는 것 같아요.
2) **가:** 투안 씨가 만든 음식이 그렇게 맛있다면서요?
   나: ____________ 둘이 먹다가 하나가 죽어도 모를 정도예요.
3) **가:** 밖에 날씨가 많이 춥지요?
   나: ____________ 얼어 죽는 줄 알았어요.
4) **가:** 이리나 씨가 한국말을 정말 잘하지요?
   나: ____________.
5) **가:** 반 친구들하고 매일 만나니까 많이 친하겠어요.
   나: ____________.
6) **가:** 어제 유학생 모임에서 맛있는 음식 많이 먹었어요?
   나: ____________.

3. 아래 내용에 대해서 다음과 같이 대화해 봅시다.

깜짝 놀랐던 경험 / 화가 많이 났던 경험 / 한국어를 공부할 때 어려운 것 / 고마운 사람

가: 어제 도서관에서 늦게까지 공부하던데 집에 잘 들어갔어요?
나: 네, 잘 들어갔는데 집 앞에서 갑자기 고양이가 나타나서 깜짝 놀랐어요.
가: 고양이요? 밤에 봤으면 정말 놀랐겠어요.
나: 네, 어찌나 놀랐는지 집에 들어가서도 가슴이 뛰었어요.
⋮

읽고 쓰기

● 준비해 봅시다.

● 한국 속담이나 관용어 중에서 좋아하는 것이 있습니까?

읽어 봅시다

● 다음 발표문을 읽어 봅시다.

안녕하십니까? 저는 러시아에서 온 알렉세이입니다. 저는 오늘 제가 좋아하는 한국 속담, '고생 끝에 낙이 온다'에 대한 저의 경험을 말씀드리고자 합니다.

여러분, 제가 예전에 운동선수였던 것을 아세요? 저는 세계적인 축구 선수가 되고 싶어서 초등학교 때 축구를 시작했습니다. 그리고 고등학교 때까지 선수로 활동했습니다. 그런데 저는 항상 경기에 나가지 못하는 후보 선수였습니다. 경기에 나가서 뛰고 싶은 마음이 굴뚝같았지만 대부분 벤치에 앉아서 시간을 보내야 했습니다. 친구들이 경기하는 것을 구경만 할 때는 정말 마음이 힘들었습니다.

저는 제가 경기에 나가지 못하는 이유를 제 나름대로 찾아보기로 했습니다. 그래서 다른 친구들이 축구를 하는 것을 잘 살펴봤습니다. 그 후에 제 실력이 친구들보다 많이 뒤떨어진다는 것을 알게 됐습니다. 처음 이것을 알았을 때는 절망했습니다. 이 실력으로는 더 이상 축구 선수로 활동할 수 없다고 생각했습니다.

하지만 이렇게 축구를 포기하고 싶지는 않았습니다. 축구는 그때 제 인생의 전부였기 때문입니다. 그래서 우선 경기에 나가서 뛰고 싶은 욕심을 버리고 저에게 부족한 기초 실력을 키우기로 했습니다. 다른 친구들과 실력 차이가 너무 커서 따라갈 수 있을지 걱정도 됐습니다. 그렇지만 포기하지 않았습니다. 노력은 배신하지 않는다고 생각했기 때문입니다. 실력을 키우기 위해서 매일 가장 일찍 연습을 시작하고 가장 늦게 연습을 끝내곤 했습니다.

그렇게 일 년을 지내고 보니 어느새 저는 저희 팀에서 가장 중요한 선수가 되어 있었습니다. 고등학교 3학년 때는 지역 축구 대회에서 저희 팀이 1위를 하고 저는 그 대회의 최우수 선수로 뽑혔습니다. 그때 어찌나 기쁜지 하늘을 나는 것 같았습니다. 제가 실력을 쌓기 위해서 남들보다 더 많이 연습하지 않았더라면 그 정도로 발전할 수 없었을 것입니다.

여러분도 목표가 생기면 포기하지 말고 그것을 위해서 꾸준히 노력해 보세요. 한 걸음씩 앞으로 가다가 보면 원하는 목표를 이룰 수 있을 것입니다. 그래서 '고생 끝에 낙이 온다'는 제가 제일 좋아하는 속담입니다.

1. 다음의 내용을 쓰십시오.

축구를 시작한 이유	
경기에 나가지 못했던 이유	
실력을 키우기 위해 한 일	

2. 맞는 것에 모두 ✓ 표시를 하십시오.

□ 이 사람은 고등학교 때 축구를 시작했다.
□ 이 사람은 경기 중에 벤치에 앉아서 시간을 보내는 것이 좋았다.
□ 이 사람은 축구의 기초부터 다시 연습해서 실력이 좋아졌다.
□ 이 사람은 지역 축구 대회에 나가는 것을 포기했다.

3. 이 글에서 말하는 '고생'과 '낙'이 무엇인지 쓰십시오.

고생	
낙	

4. 이 글의 중심 생각은 무엇입니까?

새 단어

관용어	고등학교	선수	활동하다	후보	굴뚝같다	벤치	나름
뒤떨어지다	절망하다	전부	배신하다	어느새	위(1위)		

써 봅시다

● 한국의 속담과 관용어 중 하나를 골라 자신의 경험을 이야기해 봅시다.

어떤 관용어/속담과 관계가 있습니까?	언제 있었던 일입니까?
무슨 일이 있었습니까?	그 일을 통해서 무엇을 느꼈습니까?

앞에서 이야기한 내용을 발표문으로 써 봅시다.

안녕하십니까? 저는 ______________ 에서 온 ______________ 입니다.

저는 오늘 '______________'와/과 관련된 저의 경험을 소개해 드리고자 합니다.

쓰기 5 설명하는 글 쓰기 2

알아봅시다

● 설명문에 대해 알아봅시다.

설명문: 읽는 사람들이 어떤 지식이나 정보에 대해 이해할 수 있도록 쓴 글.
㉮ 안내문, 전자 제품 사용 설명서, 사전, 기사문, 보고문

● 설명문 구성

단계	쓸 내용
도입	글을 쓴 동기, 설명하고자 하는 대상
본문	다양한 설명 방법으로 설명하고자 하는 대상을 자세하게 설명
마무리	내용 요약·정리, 강조

● 설명문 단계에 따른 내용

단계	설명 방법	예
도입	정의	연극은 배우가 무대 위에서 관객에게 연기를 보여 주는 것**이다**.
	동기	**이 글을 쓰는 이유는** 연극과 영화의 차이를 알려 주고 싶기 **때문이다**.
	일반적인 상황	사람들은 **보통** 영화와 연극이 비슷하**다고 생각한다**.
	질문	연극과 영화는 무엇이 **다를까?**
본문	비교 (공통점)	연극과 영화는 다음과 같은 **공통점**이 있다. **첫째**, 연기를 하는 배우가 필요하다. **둘째**, 대본이 있다. 연극이나 영화에는 내용이 정해져 있어서 배우들은 대본을 외워서 연기를 해야 한다. **셋째**, 연극이나 영화를 보는 관객이 있어야 한다. 관객에게 보여 주기 위해 연극이나 영화를 만들기 때문에 관객이 없으면 안 된**다는 점이 같다**.
	대조 (차이점)	연극과 영화는 다음과 같은 **차이점**이 있다. **먼저** 연극은 무대에서 직접 연기를 보여 주는 **반면에** 영화는 미리 영상을 모두 찍은 다음에 보여 준다. **다음으로** 연극은 관객들이 볼 수 있는 공간과 시간이 정해져 있지만 영화는 공간과 시간이 자유롭**다는 점에서 차이가 있다**.
	분류/특징	영화는 제작 목적**에 따라서** 상업 영화와 예술 영화로 **나뉜다**. 상업 영화는 이윤을 가장 중요하게 생각한**다는 특징이 있다**. 그리고 예술 영화는 상업적인 의도보다 예술적인 가치에 중점을 둔**다는 점이 특징이다**.
마무리	요약	**지금까지** 영화와 연극의 차이점**에 대해서 알아보았다. 정리하면 다음과 같다**.
	강조	**무엇보다 중요한 것은** 영화와 연극은 다르**다는 것이다**.

연습해 봅시다

다음 설명문을 읽고 이 설명문에 해당하는 개요를 써 봅시다.

기부는 다른 사람을 돕기 위해 보상을 바라지 않고 돈이나 물건 등을 주는 것이다. 사람들은 보통 기부를 어렵게 생각해서 돈이 많은 사람만 기부를 할 수 있다고 생각한다. 그러나 기부에는 여러 종류가 있기 때문에 다른 사람을 돕고자 하는 마음만 있다면 다양한 방법으로 기부를 실천할 수 있다. 따라서 지금부터 기부의 종류에 대해 알아보고자 한다.

기부는 기부 형태에 따라서 크게 현금·물품 기부, 재능 기부, 구매 기부로 나뉜다. 첫 번째로 현금·물품 기부는 다른 사람을 위해 현금이나 물건을 기부하는 것이다. 그 예로는 고아원, 양로원에 돈이나 사용하지 않는 물건을 보내는 것 등이 있다. 두 번째, 재능 기부는 자신의 재능을 이용해서 다른 사람을 돕는 것이다. 재능 기부는 돈을 들이지 않고 자신의 재능으로 다른 사람을 도울 수 있다는 특징이 있으며 예를 들면 무료 언어 수업, 벽화 그리기 등이 있다. 세 번째, 구매 기부는 자신이 물건을 사면 그 금액의 일부가 생활이 어려운 사람에게 전달되는 것이다. 이 기부는 직접적인 방법은 아니지만 간접적인 방법으로도 어려운 사람을 도울 수 있다는 점이 특징이다.

지금까지 기부의 종류에 대해 알아보았다. 기부는 돈이나 물품, 재능을 기부하는 직접적인 방법뿐만이 아니라 구매를 통한 간접적인 방법도 있었다. 따라서 자신에게 맞는 기부를 찾아 다른 사람을 도와줄 수 있다.

주제:

단계	설명 방법	내용
도입	정의	
본문	분류/특징	
마무리	요약	

분류하는 글 쓰기에 필요한 표현을 연습해 봅시다.

분류는 기준을 세워 종류가 같은 것끼리 모아서 나누는 것이다. 이렇게 글을 쓰면 복잡한 상황을 나누어 쉽게 설명할 수 있다.

정의	• 은/는 ~이다 • 은/는 ~을/를 말한다
분류 기준	• 은/는 (~에 따라서) ~와/과 ~(으)로 나뉜다 • 은/는 (~에 따라서) ~ 가지로 나눌 수 있다 • 은/는 (~에 따라서) 크게 ~ (가지) 종류가 있다
특징	• 은/는 -ㄴ다는/는다는/다는 특징이 있다 • 은/는 -ㄴ다는/는다는/다는 점이 특징이다

1. 정의

여행: 살고 있는 곳이 아닌 다른 곳으로 놀러 가는 것

2. 분류 기준

여행 방법: 자유 여행, 단체 여행

3. 특징

자유 여행 특징:

단체 여행 특징:

써 봅시다

다음의 주제 중에서 하나를 선택하여 개요를 작성하고 분류하는 설명문을 써 봅시다.

취미 | 동물 | 운동 | 직업 |

단계	설명 방법	내용
도입	정의	
본문	분류/특징	
마무리	요약	

11

스포츠와 우리의 생활

공든 탑이 무너지랴

어휘·표현

운동 경기 관련 어휘, –력

말하기

문법 –더니[2]

–는지/(으)ㄴ지

운동 경기 관람 후 소감 말하기

말하기 활동

운동 경기 중계하기

듣고 말하기

운동 경기 중계방송 듣기

운동선수와의 인터뷰 듣기

문법 여간 –지 않다

읽고 말하기

스포츠 발전에 대한 신문 사설 읽기

스포츠 발전에 대한 투고의 글 읽기

문법 –(으)려야 –(으)ㄹ 수 없다

11과 스포츠와 우리의 생활

준비

- 운동 경기를 보는 것을 좋아합니까? 운동 경기를 보면 어떻습니까?

- 생활 속에서 즐길 수 있는 운동은 어떤 것이 있습니까?

어휘 · 표현

1. 운동 경기의 내용과 관련된 표현을 알아봅시다.

쫓아가다	속도를 내다	1위를 다투다
출발선에 나오다	결승선으로 들어오다	부상을 입다/당하다

경기 중에 넘어져서 무릎을 다쳤다.	선수들이 출발을 위해 모두 같은 곳에서 기다리고 있다.	두 선수가 서로 1위가 되려고 경쟁하고 있다.
경기에서 마지막 목표한 곳에 도착했다.	경기 중에 앞으로 나가려고 빠르게 움직이고 있다.	다른 선수의 바로 뒤에서 따라가고 있다.

2. 운동 경기의 결과와 관련된 표현을 알아봅시다.

이기다/지다/비기다	메달을 따다	경기를 뒤집다
결승에 나가다	우승을 차지하다	신기록이 나오다/신기록을 세우다

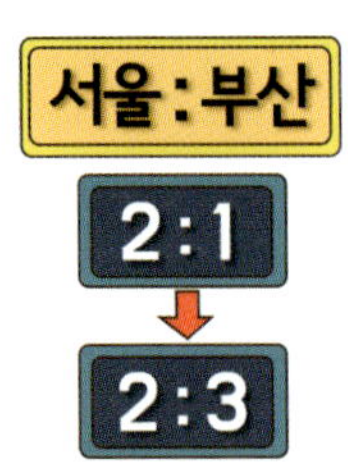

우리 팀이 상대 팀과 똑같은 점수를 냈다.	경기의 상황이 바뀌었다.	올림픽 경기에서 3위 안에 들어갔다.
대회에 참가한 팀 중에 1위를 했다.	지금까지의 기록보다 빠른 새로운 기록이 나왔다.	우승이 결정되는 마지막 경기에 나가게 됐다.

- 여러분이 본 경기 중에서 인상적인 경기에는 어떤 것이 있습니까?
- 그 경기의 내용과 결과가 어땠습니까?

3. 능력이나 힘과 관련된 어휘를 알아봅시다. 그리고 함께 쓸 수 있는 표현을 알아봅시다.

–력: 순발력, 집중력, 정신력, 표현력, 경기력

대단하다
뛰어나다
떨어지다
부족하다

1) 내 친구는 공부하기 시작하면 아무리 불러도 듣지 못한다. → (　　　　　)이 뛰어나다
2) 한국 축구팀이 지난번에 비해서 경기를 잘 못했다. → (　　　　　)이 떨어지다
3) 그 배우는 연기를 못해서 어떤 감정을 보여 주려고 하는지 아무리 봐도 모르겠다. → (　　　　　)이 부족하다
4) 그 선수는 부상을 입었는데도 경기를 포기하지 않고 끝까지 뛰었다. → (　　　　　)이 대단하다
5) 면접시험 때 곤란한 질문을 받았지만 바로 생각해서 대답을 잘했다. → (　　　　　)이 뛰어나다

- 순발력이 필요한 운동에는 어떤 것이 있습니까?
- 무슨 일을 할 때 집중력이 좋아집니까?
- 정신력이 강한 사람은 일을 할 때 어떻게 합니까?
- 뛰어난 표현력이 필요한 직업에는 무엇이 있습니까?

문법 1 -더니[2]

지금도 밖에 비가 와요?

아니요, 아침에는 비가 많이 오더니 지금은 안 와요.

1. 다음과 같이 말해 봅시다.

> **가:** 이번 주는 그렇게 덥지 않은 것 같아요.
> **나:** 네, 일주일 전에는 덥더니 이번 주는 선선하네요.

1) 이번 주는 그렇게 덥지 않은 것 같아요. (일주일 전에는 덥다)
2) 제프리 씨가 오늘은 기분이 좋아 보여요. (어제는 얼굴이 어둡다)
3) 장설 씨가 요즘은 운동을 안 하나 봐요. (한 달 전만 해도 열심히 하다)
4) 투안 씨가 이제는 매운 음식을 잘 먹네요. (예전에는 못 먹다)
5) 압둘라 씨가 한국에 살면서 성격이 활발해진 것 같아요. (처음 왔을 때는 조용하다)
6) 간토야 씨 한국어 실력이 정말 좋아진 것 같지 않아요? (1급 때는 말을 잘 못하다)

2. 다음과 같이 대화해 봅시다.

> **가:** 한국 축구팀의 실력이 많이 좋아졌어요.
> **나:** 그래요? 왜 그렇게 생각해요?
> **가:** 어제 한국 축구팀이 경기하는 걸 봤거든요. 전에는 큰 경기에서 실수를 많이 하더니 어제는 그렇지 않더라고요.
> **나:** 이제 한국 선수들도 자신감이 많이 생겼나 봐요.
> ⋮

한국 축구팀의 실력이 많이 좋아졌어요.

명동 분위기가 많이 달라졌어요.

이 식당 음식 맛이 예전하고 좀 달라진 것 같아요.

남자 친구/여자 친구가 변했어요.

오늘은 도서관에 사람이 별로 없네요.

컴퓨터가 갑자기 이상해졌어요.

3. 다음 내용에 대해서 달라진 것이 있는지 비교하면서 이야기해 봅시다.

날씨

내가 좋아하는 배우/가수

우리 반 분위기

친구의 한국어 실력/외모 등

내 고향의 모습

문법 2 -는지/(으)ㄴ지

제프리 씨한테 전화했는데 바쁜지 전화를 안 받네요. 무슨 일 있어요?

저도 잘 모르겠어요.

1. 다음과 같이 말해 봅시다.

가: 알렉세이 씨는 어디 갔어요?
나: 저도 잘 모르겠어요. 무슨 일이 있는지 일찍 집에 갔어요.

1) 알렉세이 씨는 어디 갔어요? (무슨 일이 있다 – 일찍 집에 가다)
2) 압둘라 씨가 왜 밥을 안 먹어요? (입맛이 없다 – 밥을 안 먹다)
3) 투이 씨가 쉬는 시간마다 자던데 왜 그래요? (아르바이트가 힘들다 – 자주 피곤해하다)
4) 마키 씨하고 바트 씨가 말을 안 하던데 왜 그래요? (두 사람이 싸웠다 – 어제부터 말을 안 하다)
5) 민호 씨가 한턱내겠다고 하던데 무슨 좋은 일 있어요?
6) 투안 씨가 안색이 안 좋던데 무슨 일 있어요?

2. 다음과 같이 대화해 봅시다.

가: 이 식당 음식 맛이 변한 것 같아요.
나: 그러게요. 주인이 바뀌었는지 음식이 예전에 비해서 맛이 없어요.
가: 내일은 다른 식당에서 먹을래요?
나: 네, 그럼 저 앞에 있는 식당에 가 봐요.
⋮

이 식당 음식 맛이 변한 것 같아요.

다른 날보다 길이 많이 막히네요.

선생님이 화가 나신 것 같아요.

후문 앞에 있던 꽃 가게가 없어졌네요.

간토야 씨가 수업 시간에
왜 갑자기 나갔어요?

어제 마키 씨한테 생일 선물 줬지요?
마키 씨가 마음에 들어 하던가요?

3. 우리 반 친구들에 대해서 이유를 추측해서 이야기해 봅시다.

○○ 씨가 아직도
학교에 안 온다.

○○ 씨가 쉬는 시간이
끝나고 항상 늦게 들어온다.

○○ 씨가 기분이
안 좋아 보인다.

○○ 씨가 며칠 동안
학교에 나오지 않는다.

○○ 씨가 옆 반의 내 친구에
대해서 자꾸 물어본다.

○○ 씨가…

말하기

- 여러분은 운동 경기를 본 후에 어떻게 말합니까?
- 다음 표현을 사용해서 말해 봅시다.

사용할 수 있는 상황	표현
소감 말할 때	–아서/어서 –아요/어요
맞장구칠 때	왜 안 그랬겠어요?
비교할 때	지난 경기 때는 –더니 –아요/어요
추측할 때	–는지/(으)ㄴ지 –아요/어요
예상할 때	–(으)니까 –겠지요

가

__아서/어서 __아요/어요.
(부산 팀이 서울 팀에 졌다 - 놀랐다)

나

왜 안 그랬겠어요?

가

지난 경기 때는 __더니 __아요/어요.
(정말 잘하다 - 어제는 조금 이상했다)

나

__는지/(으)ㄴ지 __아요/어요.
(자신감이 지나쳤다 - 어제는 잘 못했다)

가

__(으)니까 __겠지요.
(다음 경기는 부산에서 하다 - 나아지다)

- 다음 대화를 들어 봅시다. 11-1

마키 어제 야구 경기 봤어요? 부산 팀이 서울 팀에 져서 깜짝 놀랐어요. 응원하던 팀이 져서 좀 실망했겠어요.

민호 왜 안 그랬겠어요? 경기력이 엉망이라서 정말 실망스러웠어요.

마키 지난 경기 때는 부산 팀이 정말 잘하더니 어제는 조금 이상했어요.

민호 그러니까요. 항상 이기기만 해서 자신감이 지나쳤는지 어제는 잘 못했어요.

마키 선수들도 충격을 받았는지 경기 끝나고 바로 나가 버리던데요.

민호 그랬어요? 끝나자마자 텔레비전을 꺼 버려서 그건 못 봤네요.

마키 다음 경기는 부산에서 하니까 나아지겠지요.

민호 글쎄요. 어제 같은 경기라면 차라리 안 보는 게 나을 것 같아요.

1. 확인해 봅시다.

1) 두 사람이 어제 본 경기의 결과가 어땠습니까?

2) 민호는 어제 경기 결과의 이유가 무엇이라고 생각합니까?

3) 마키는 다음 경기의 결과가 어떨 거라고 생각합니까?

2. 대화를 바꿔 말해 봅시다.

야구 경기	부산 팀이 서울 팀에 졌다	부산 팀이 정말 잘하다	항상 이기기만 해서 자신감이 지나쳤다	다음 경기는 부산에서 하다
대학 농구 대회	문화대학교가 한국대학교에 졌다	문화대학교 선수들의 몸 상태가 좋다	경기를 많이 해서 체력이 떨어졌다	다음 경기까지 일주일 정도 시간이 있다
월드컵 축구 경기	프랑스가 호주에 졌다	프랑스 선수들의 정신력이 대단하다	부상 선수가 많아서 팀워크가 나빠졌다	다음 경기에는 제일 잘하는 선수가 나오다
세계 배구 대회	한국이 미국에 졌다	한국 선수들이 멋진 모습을 보이다	상대 팀 관중들 소리 때문에 집중력이 떨어졌다	다음 경기에는 한국 관중이 많이 오다

말하기 활동

● 운동 경기를 중계해 봅시다.

1. 해설자와 캐스터가 되어서 그림을 보고 육상 경기를 1분 안에 중계해 보십시오.

2. 어느 조가 중계를 잘했습니까? 아래의 내용에 따라 평가해 봅시다.

	평가 내용	1조	2조	3조	4조	5조
1	경기 내용을 이해할 수 있게 말했습니까?	1 2 3 4 5	1 2 3 4 5	1 2 3 4 5	1 2 3 4 5	1 2 3 4 5
2	실제로 경기를 보는 느낌이 들었습니까?	1 2 3 4 5	1 2 3 4 5	1 2 3 4 5	1 2 3 4 5	1 2 3 4 5
3	경기 상황에 어울리는 표현을 사용했습니까?	1 2 3 4 5	1 2 3 4 5	1 2 3 4 5	1 2 3 4 5	1 2 3 4 5
4	태도와 발음이 운동 경기 중계에 어울렸습니까?	1 2 3 4 5	1 2 3 4 5	1 2 3 4 5	1 2 3 4 5	1 2 3 4 5
5	1분 안에 중계를 마쳤습니까?	1 2 3 4 5	1 2 3 4 5	1 2 3 4 5	1 2 3 4 5	1 2 3 4 5

듣고 말하기

● 준비해 봅시다.

● 운동 경기에서 응원하는 팀이나 선수가 있습니까?

들어 봅시다 1

● 다음 경기 중계를 들어 봅시다. 11-2

1. 무엇에 대한 내용입니까?

2. 맞는 것에 모두 ✓ 표시를 하십시오.

□ 한국의 박지훈 선수는 허리에 문제가 있었다.
□ 미국의 마이클 선수는 마지막에 속도가 떨어졌다.
□ 한국의 박지훈 선수가 제일 먼저 결승선으로 들어왔다.
□ 이번 경기에서 세계 기록이 바뀌었다.
□ 프랑스의 루이 선수는 나이가 어린 편이다.

3. 이어질 내용으로 알맞은 것을 고르십시오.

① 다음 경기 일정 소개
② 경기의 중요한 장면 확인
③ 1위를 한 선수에 대한 소개

새 단어

돌다 금메달 은메달 놀랍다 박수 동메달 손에 땀을 쥐다

들어 봅시다 2

● 다음 인터뷰를 들어 봅시다. 11-3

1. 누구와의 인터뷰입니까?

2. 기자가 질문한 내용에 모두 ✓ 표시를 하십시오.

□ 경기 결과에 대한 소감　□ 부상이 빨리 낫는 방법
□ 라이벌 선수와의 관계　□ 하루에 연습하는 양

3. 맞는 것에 모두 ✓ 표시를 하십시오.

□ 이 선수는 경기 결과가 좋을 것을 예상했다.　□ 이 선수는 라이벌 선수를 이기지 못했다.
□ 이 선수는 연습을 많이 한다고 알려졌다.　□ 이 선수는 이번 대회의 경기를 다 끝냈다.

4. 이 선수가 경기를 할 때 중요하게 생각하는 것은 무엇입니까?

5. 다음을 듣고 발음에 주의하면서 따라 해 봅시다. 11-4

1) 남자 수영 100미터 결승 경기를 중계해 드립니다.
[중계/중게]

2) 오늘 세계 기록이 나올 수 있을까요?
[세계/세게]

3) 물건을 사면 살수록 혜택이 많습니다.
[혜택/헤택]

4) 한국의 지폐는 네 가지가 있습니다.
[지폐/지페]

새 단어

소감　라이벌　왕복하다　마무리하다　국민

말해 봅시다

● 다음의 운동선수를 인터뷰해 봅시다.

월드컵에서 우승한 팀의 최우수 선수

올림픽 마라톤에서 금메달을 딴 선수

문법 3 여간 –지 않다

1. 다시 들어 봅시다. 11-5

기자 어제 경기 전에는 허리 부상 때문에 좋은 결과를 기대하지 않는다고 하셨는데 정말 기쁘시겠어요.
선수 그렇습니다. 부상이 완전히 낫지 않아서 별로 기대하지 않았거든요. 2위로 들어온 걸 알고 저도 **여간 기쁘지 않았습니다.**

2. 다음과 같이 말해 봅시다.

1) **가:** 아침에 일찍 일어나는 것이 많이 힘들어요?
나: 네, 제가 아침잠이 많아서 여간 힘들지 않아요.
2) **가:** 마키 씨가 고집이 세다고 하던데 정말 그래요?
나: ______________________.
3) **가:** 이리나 씨가 그렇게 영어를 잘한다면서요?
나: ______________________.
4) **가:** 제 친구는 한국뿐만 아니라 중국하고 미국에도 집이 있어요.
나: 와, 친구가 ______________________.
5) **가:** 어제 날씨가 영하 10도였는데 많이 추웠지요?
나: ______________________.
6) **가:** 발표 준비하는 데 시간이 많이 걸렸어요?
나: ______________________.

3. 아래 내용에 대해서 다음과 같이 대화해 봅시다.

- 한국에 살면서 하기 힘든 일
- 요즘 재미있는 드라마 /듣기 좋은 노래
- 정말 멋있다고 생각하는 사람
- 외국어 공부에서 어려운 것

가: 한국에 살면서 힘든 일이 많지요?
나: 네, 얼마 전에 이사를 했는데 보통 일이 아니던데요.
가: 그랬을 것 같아요. 집 구하는 건 괜찮았어요?
나: 괜찮기는요. 마음에 드는 집을 찾는 게 여간 힘들지 않았어요.
⋮

문법 4 -(으)려야 -(으)ㄹ 수 없다

1. 다음 문장을 읽어 봅시다.

동호회 회원들과 야구를 하려고 몇 달 전부터 경기장을 찾고 있는데 제대로 된 경기장을 **찾으려야 찾을 수 없다.**

2. 다음과 같이 말해 봅시다.

1) **가:** 장핑 씨가 오늘은 일찍 온다고 했으니까 조금 더 기다려 봐요.
   나: 글쎄요, 장핑 씨는 항상 그렇게 말하고 늦으니까 믿으려야 믿을 수 없어요.
2) **가:** 영화 보다가 왜 갑자기 나갔어?
   나: 영화 내용이 엉망이라서 ______________________.
3) **가:** 왜 지하철이 왔는데 안 타고 그냥 보냈어요?
   나: ______________________.
4) **가:** 왜 이렇게 늦었어요? 일찍 온다고 했잖아요.
   나: ______________________.
5) **가:** 왜 아직도 퇴근하지 않았어요?
   나: ______________________.
6) **가:** 아까 압둘라 씨한테 왜 화를 냈어요? 조금만 참지 그랬어요?
   나: ______________________.

3. 아래 내용에 대해서 다음과 같이 대화해 봅시다.

- 잊을 수 없는 순간
- 믿을 수 없는 사람
- 아무리 유명해도 먹을 수 없는 음식
- 아무리 유행이라도 입을 수 없는 옷

가: ㅇㅇ 씨, 지금까지 살면서 잊을 수 없는 순간이 있어요?
나: 있어요. 제가 중학교 때 전국 스케이트 대회에서 우승을 했던 순간요.
가: 와, 전국 대회에서 우승을 했어요? 정말 대단하네요.
나: 네, 그 순간은 정말 잊으려야 잊을 수 없어요.
⋮

읽고 말하기

- 준비해 봅시다.
  - 즐겨 보는 국제 스포츠 대회가 있습니까?
  - 여러분의 나라는 어떤 스포츠 대회에 참가합니까?

읽어 봅시다 1

- 다음 신문 사설의 처음과 끝을 읽어 봅시다.

북악신문

올림픽이 끝났다. 많은 이야기와 감동을 남기고 끝난 이번 올림픽에서 한국은 금메달 13개, 은메달 8개, 동메달 7개를 따면서 4위로 대회를 마쳤다. 지금까지의 올림픽 성적 중에서 가장 좋은 성적이다. 이 정도면 자랑스러운 결과라고 생각할 수 있다.

그러나 좋아하기만 할 수는 없다. 육상이나 수영 같은 기초 종목의 성적이 좋지 않았기 때문이다. 육상은 17명의 선수 중 아무도 메달을 따지 못했다. 수영도 성적이 좋지 않은 것은 마찬가지였다. 한국 수영의 최고 스타인 박지훈이 은메달을 따기는 했지만 새로운 스타는 나오지 않았다. 우리나라 기초 종목의 수준은 아직도 세계적인 스포츠 강국에 비해 뒤떨어진다.

세계 4위에 올랐지만 여전히 숙제가 남아 있다. 스포츠 강국이 되려면 다양한 종목에서 더 많은 메달을 따야 한다. 이를 위해 우선 수영이나 육상 같은 기초 종목의 수준을 높여야 한다. 그러려면 이 종목들에 대한 더 많은 투자가 필요하다. 투자한 대로 결과가 나오기 마련이다.

1. 이 글의 제목으로 알맞은 것을 고르십시오.

① 세계적인 스포츠 강국이 되려면　　② 기초 종목의 발전보다 더 중요한 것은
③ 자랑스러운 한국 올림픽 국가 대표 팀

2. 맞는 것에 모두 ✓ 표시를 하십시오.

□ 한국의 이번 올림픽 성적은 다른 때보다 안 좋았다.
□ 한국은 이번 올림픽 육상 경기에서 메달이 전혀 없었다.
□ 한국은 이번 올림픽에서 새로운 수영 스타가 나왔다.

3. 이 글에서 주장하는 것은 무엇입니까?

새 단어

사설 종목 마찬가지 스타 수준 강국 여전히 투자 투자하다 국가 대표

읽어 봅시다 2

다음 신문의 독자 투고를 읽어 봅시다.

북악신문

[독자 투고] 진정한 스포츠 강국이 되려면

나는 야구팬이다. 어렸을 때부터 야구를 좋아해서 지금도 매주 야구를 보러 경기장에 간다. 그리고 내가 응원하는 팀의 기념품을 사기 위해 줄을 서서 몇 시간 동안 기다릴 때도 많다. 나는 야구를 보는 것뿐만 아니라 하는 것도 좋아하는데, 내 주변에는 나와 같은 취미를 가진 사람이 많다. 그래서 최근에는 회사 동료들과 야구 동호회를 만들어서 주말마다 경기를 하고 있다.

그런데 동호회 활동을 하면서 힘든 점이 있다. 동호회 회원들과 야구를 하려고 몇 달 전부터 경기장을 찾고 있는데 제대로 된 경기장을 찾으려야 찾을 수 없다. 오래된 운동장이 몇 개 있기는 하지만 시설이 안 좋은 데다가 1년 동안의 예약도 이미 끝났다고 한다. 그래서 야구가 하고 싶으면 모래밖에 없는 운동장을 찾아가 흙먼지를 마시면서 해야 한다. 그리고 이런 장소에서 운동하면 부상을 당하기 쉬워서 마음껏 뛰려야 뛸 수도 없다.

이런 상황에서 어제 북악신문 사설 '세계적인 스포츠 강국이 되려면'을 읽고 나니까 답답한 마음이 들었다. 사설에서는 세계 대회에서 좋은 성적을 받기 위해 기초 스포츠 종목에 더 많은 투자를 해야 한다고 했다. 그런데 세계 대회에서 좋은 성적을 받아야 스포츠 강국이 되는 것은 아니다. 스포츠 강국은 일반 시민들도 자연스럽게 스포츠 활동에 참여할 수 있는 나라라고 생각한다. 다시 말해서 나와 같은 보통 사람들이 마음껏 운동할 수 있는 환경이 마련되어야 스포츠 강국이 되는 것이다.

누구든지 이용할 수 있는 경기장과 체육공원, 시민을 위해 열려 있는 체육관은 아직도 부족하다. 소수에게만 투자가 집중되고 다수의 시민들이 이용할 수 있는 체육 시설이 없다면 올림픽 같은 대회에서 메달을 아무리 많이 따도 의미가 없을 것이다. 그러므로 국제 경기의 성적을 올리는 데 투자할 게 아니라 생활 체육 시설을 하나라도 더 만드는 데 투자하는 것이 낫다. 시민을 위한 생활 체육 시설들이 충분히 마련되어 누구든지 원하는 시간에 원하는 공간에서 스포츠를 즐길 수 있게 되기를 기대한다.

이태민(회사원)

1. 각 단락의 주요 내용을 정리하십시오.

단락	주요 내용
1단락	
2단락	
3단락	
4단락	

2. 맞는 것에 모두 ✓ 표시를 하십시오.

- □ 이 사람은 최근에 야구를 좋아하기 시작했다.
- □ 이 사람이 찾아본 운동장들은 시설이 좋지 않았다.
- □ 이 사람은 시민들을 위한 체육 시설에 투자하고 있다.
- □ 이 사람은 국제 경기의 성적이 무엇보다 중요하다고 본다.

3. 이 글의 중심 생각은 무엇입니까?

새 단어

독자 투고 진정하다 야구팬 제대로 모래 흙먼지 마음껏 마련되다 체육공원 집중되다

말해 봅시다

● 스포츠 발전에 대한 의견을 이야기해 봅시다.

1. 여러분은 스포츠 발전에 대해 어떤 의견을 가지고 있습니까?

   □ 국제 대회에서 좋은 성적을 받는 것이 더 중요하다.
   □ 시민들이 이용할 수 있는 생활 체육 시설을 만드는 것이 더 중요하다.

2. 의견이 같은 사람들끼리 모여서 그 내용을 정리해 보십시오.

국제 대회에서 좋은 성적을 받는 것이 중요하다

- 대회: ____________________
- 종목: ____________________
- ____________________
- ____________________
- ____________________
- ____________________
- ____________________

생활 체육 시설을 만드는 것이 중요하다

- 대상: ____________________
- 시설: ____________________
- ____________________
- ____________________
- ____________________
- ____________________
- ____________________

3. 의견이 다른 사람들끼리 만나서 각자의 의견을 이야기해 보십시오.

12

사건과 사고

돌다리도 두들겨 보고 건너라

어휘·표현

자연재해와 사건·사고 관련 어휘

말하기

문법 -(으)ㄹ 수밖에 없다

만으로는

자연재해에 대한 사고 뉴스 전달하고 의견 말하기

말하기 활동

뉴스 전달하기

듣고 말하기

고령 운전자 교통사고에 대한 뉴스 듣기

고령 운전자 교통사고의 현황과 해결 방안에 대한 전문가 의견 듣기

문법 -자면

읽고 쓰기

계절별 사건·사고에 대한 설명문 읽기

문법 -는/(으)ㄴ 만큼

12과 사건과 사고

준비

- 자연재해를 경험한 적이 있습니까? 어떤 피해가 발생할 수 있습니까?

- 사고가 일어나거나 사건 때문에 문제가 발생한 적이 있습니까? 어떤 것이었습니까?

어휘 · 표현

1. 다음은 자연재해에 대한 표현입니다. 그림을 보고 알맞은 표현을 알아봅시다.

지진이 발생하다/나다 가뭄이 심하다 태풍이 오다
홍수가 나다 화산이 폭발하다 강이 범람하다 폭설이 쏟아지다

2. 자연재해로 인해 어떤 피해가 발생하는지 알아봅시다.

집, 건물 등이 무너지다 집, 건물 등이 침수되다 나무가 쓰러지다 도로, 다리 등이 끊어지다/ 끊기다	집을 잃다 실종되다 발이 묶이다 고립되다 목숨을 잃다/숨지다/사망하다 부상을 입다/당하다	피해를 복구하다 구조하다 구조대를 보내다 사망자/실종자를 찾다 부상자를 병원으로 옮기다

- 여러분 나라에서는 어떤 자연재해가 일어납니까?
- 자연재해가 일어났을 때 어떤 피해가 있었습니까?
- 피해를 복구하기 위해서 어떻게 했습니까?

3. 사건·사고와 관련된 표현을 알아봅시다.

얼음이 녹다 얼음이 깨지다 물에 빠지다	도둑이 들어오다/ 침입하다 물건을 훔치다 도둑을 맞다 범인을 잡다/검거하다	부딪히다 들이받다 교통사고가 나다 교통사고를 당하다	벌집을 건드리다 벌에 쏘이다

- 어떤 사고를 당한 적이 있습니까? 어떻게 하다가 그런 사고를 당했습니까?
- 어떤 사건을 경험한 적이 있습니까? 그때 어땠습니까?

문법 1 -(으)ㄹ 수밖에 없다

돈도 없는데 왜 택시를 타려고 해요?

버스하고 지하철이 다 끊겨서 지금은 택시를 탈 수밖에 없어요.

1. 다음과 같이 말해 봅시다.

> **가:** 왜 장핑 씨가 저렇게 긴장하고 있어요?
>
> **나:** 이따가 대학교 입학시험 결과가 나오니까 긴장할 수밖에 없어요.

1) 왜 장핑 씨가 저렇게 긴장하고 있어요? (이따가 대학교 입학시험 결과가 나오다)
2) 왜 월세가 비싸요? (교통이 편리한 데다가 주변 환경이 좋다)
3) 왕쯔이 씨가 유급을 했다면서요? (시험을 안 봤다)
4) 왜 교통사고가 났어요? (운전자가 술을 마시고 운전했다)
5) 비행기가 출발하자마자 돌아왔다면서요? (응급 환자가 생겼다)
6) 제주도 여행 계획을 미루었다면서요? (태풍이 오고 있다)

2. 다음과 같이 대화해 봅시다.

> **가:** 왜 여행을 취소했어요?
>
> **나:** 갑자기 수술을 하는 바람에 병원에 입원해서 여행을 취소할 수밖에 없었어요.
>
> **가:** 어머, 지금은 괜찮아요?
>
> **나:** 네, 지금은 많이 나았어요.
>
> ⋮

여행을 취소했다 /
갑자기 수술하는 바람에 병원에 입원했다

친한 친구 부탁을 거절했다 /
그날이 면접을 보는 날이었다

체육 행사가 취소됐다 /
태풍이 지나간다고 했다

그 스마트폰이 잘 팔린다 /
____

어제 수업을 하다가 갔다 /
____

오래 사귄 두 사람이 헤어졌다 /
____

3. 꼭 그렇게 할 수밖에 없었던 일이 있었습니까? 친구들과 모여서 그 일에 대해서 다음과 같이 이야기해 봅시다.

중요한 발표가 있어서 책을 빌리려고 도서관에 갔는데 필요한 책이 대출 중이었어요. 친구한테 부탁해서 친구가 다니는 학교 도서관에도 같이 가 봤는데 거기에도 없더라고요. 책을 사려고 서점에 가서 보니까 책값이 너무 비쌌어요. 그래도 발표가 중요하니까 책을 살 수밖에 없었어요.

- ✔ 누구의 이야기가 재미있었습니까?
- ✔ 누구의 이야기가 안타까웠습니까?
- ✔ 누구의 이야기에 공감했습니까?
- ✔ 누구의 이야기가 답답했습니까?

문법 2 만으로는

운동을 하면 건강해질 수 있겠지요?

운동만으로는 건강해질 수 없어요. 식습관도 바꿔야 해요.

1. 다음과 같이 말해 봅시다.

가: 문법 공부를 하면 한국어능력시험을 잘 볼 수 있겠지요?
나: 문법 공부만으로는 한국어능력시험을 잘 볼 수 없어요. 읽기와 듣기도 공부해야 해요.

1) 문법 공부를 하면 한국어능력시험을 잘 볼 수 있겠지요? (문법 공부 / 읽기와 듣기도 공부하다)
2) 운동선수 경험이 있으면 후배 선수들을 가르칠 수 있겠지요? (경험 / 가르치는 방법도 잘 알다)
3) 겉모습만 보고 그 사람을 알 수 있을까요? (겉모습 / 만나서 대화를 하다)
4) 학교가 노력하면 그 문제를 해결할 수 있겠지요? (학교의 노력 / 학생들도 같이 돕다)
5) 제목을 보면 내용을 다 알 수 있나요? (제목을 보다 / 무슨 내용이 있는지 살펴보다)
6) 부족한 물건을 지원해 주면 피해를 빨리 복구할 수 있겠지요?
(부족한 물건을 지원해 주다 / 여러 사람의 도움이 있다)

2. 다음과 같이 대화해 봅시다.

가: 선생님, 수술을 받으면 예전처럼 좋아질 수 있겠지요?
나: 수술을 받는 것만으로는 부족합니다.
가: 그럼 무엇이 더 필요한가요?
나: 수술 후에도 계속 치료를 받으셔야 합니다.
⋮

선생님, 수술을 받으면 예전처럼 좋아질 수 있겠지요?

건강해지려고 식습관을 바꾸고 있어요.

취직을 하려고 영어 공부를 열심히 하고 있어요.

우리 제품이 안 팔려서 가격을 내렸어요.

이 제품은 기능이 좋으니까 인기가 많겠지요?

월급을 올려 주면 직원들이 회사에 불만을 안 가질까요?

3. 아래 상황을 보고 부족한 것과 더 필요한 것에 대해서 이야기해 봅시다.

시험을 잘 봤는데 진급을 못 했다.

한 달 동안 여행을 가려고 비행기표를 예약했다.

대학원 입학 준비를 하고 있는데 자기소개서만 썼다.

춤을 잘 추려고 동영상을 보고 있다.

이사할 집을 인터넷에서 찾고 있다.

말하기

- 여러분은 사고 뉴스에 대한 의견을 어떻게 말합니까?
- 다음 표현을 사용해서 말해 봅시다.

사용할 수 있는 상황	표현
출처 제시하면서 정보 전할 때	에서 봤는데 -ㄴ대요/는대요/대요
감정 표현할 때	정말 -아요/어요
맞장구칠 때	그러게 말이에요
당연한 결과 말할 때	-(으)면 -(으)ㄹ 수밖에 없지요
반대할 때	만으로는 -(으)ㄹ 수 없잖아요

가

__에서 봤는데 __ㄴ대요/는대요/대요.
(뉴스 - 큰 지진이 났다)

↓

정말 __아요/어요.
(안타깝다)

→

나

그러게 말이에요.

__(으)면 __(으)ㄹ 수밖에 없지요.
(대비하지 않다 - 큰 피해를 입다)

←

가

__만으로는 __(으)ㄹ 수 없잖아요.
(대비하는 것 - 막다)

- 다음 대화를 들어 봅시다. 12-1

마리 오늘 뉴스에서 봤는데 인도네시아 한 섬에서 큰 지진이 났대요.
바트 정말요? 피해가 심했대요?
마리 네, 지진 때문에 건물 수십 채가 무너지고 수백 명이 실종됐대요. 정말 안타까워요.
바트 그러게 말이에요. 지진 같은 자연재해는 예방할 수 없나요?
마리 아마 어려울 것 같아요. 그런 일은 언제 일어날지 모르니까 미리 막기가 어렵지 않겠어요?
바트 그렇다고 해서 대비하지 않으면 큰 피해를 입을 수밖에 없지요.
마리 그런데 자연재해는 대비하는 것만으로는 막을 수 없잖아요.
바트 그래도 미리 준비하면 피해를 조금이라도 줄일 수 있지 않을까요?

1. 확인해 봅시다.

1) 두 사람은 무엇에 대해 이야기합니까?

2) 피해 상황은 어떻습니까?

3) 마리는 자연재해 예방에 대해 어떻게 생각합니까?

2. 대화를 바꿔 말해 봅시다.

인도네시아 한 섬에서 큰 지진이 났다	지진 때문에 건물 수십 채가 무너지고 수백 명이 실종됐다	지진
하와이에서 화산이 폭발했다	화산 폭발로 수백 가구가 집을 잃고 수십 명이 부상을 당했다	화산 폭발
강원도에서 폭설이 쏟아졌다	폭설로 인해 수십 가구가 고립됐다	폭설
제주도에 강한 태풍이 왔다	나무가 쓰러져서 도로가 끊기고 비바람이 강해서 공항에서 기다리던 여행객들의 발이 묶였다	태풍
대전에서 폭우 때문에 홍수가 났다	며칠 동안 쏟아진 폭우로 강이 범람해서 집 수십 채가 침수됐다	홍수

말하기 활동

- 자연재해와 관련된 뉴스를 만들어서 발표해 봅시다.

1. 뉴스로 전할 내용을 정리해 봅시다.

뉴스 진행자가 질문할 내용	기자가 전할 내용
어떤 자연재해입니까?	
언제 어디에서 일어났습니까?	
피해 현장의 상황은 어떻습니까?	
피해 복구 작업이 어떻게 진행되고 있습니까?	

2. 뉴스 진행자와 현장에 나가 있는 기자가 되어 준비한 뉴스를 발표해 봅시다.

3. 어느 조가 뉴스의 정보를 가장 정확하게 잘 전해 주었습니까? 아래의 내용에 따라 평가해 봅시다.

	평가 내용	1조	2조	3조	4조	5조
1	어떤 자연재해인지 알려 주었습니까?	1 2 3 4 5	1 2 3 4 5	1 2 3 4 5	1 2 3 4 5	1 2 3 4 5
2	자연재해가 일어난 시간과 장소를 잘 전해 주었습니까?	1 2 3 4 5	1 2 3 4 5	1 2 3 4 5	1 2 3 4 5	1 2 3 4 5
3	피해 현장의 상황을 정확하게 전해 주었습니까?	1 2 3 4 5	1 2 3 4 5	1 2 3 4 5	1 2 3 4 5	1 2 3 4 5
4	피해 복구 상황에 대해 자세하게 전해 주었습니까?	1 2 3 4 5	1 2 3 4 5	1 2 3 4 5	1 2 3 4 5	1 2 3 4 5
5	뉴스 진행자와 기자처럼 정확하게 사실을 알려 줬습니까?	1 2 3 4 5	1 2 3 4 5	1 2 3 4 5	1 2 3 4 5	1 2 3 4 5

듣고 말하기

● 준비해 봅시다.

- 교통사고가 왜 일어난다고 생각합니까?
- 어떤 연령층이 교통사고를 많이 낸다고 생각합니까? 왜 그렇게 생각합니까?
- 고령자 운전에 대해 어떻게 생각합니까?

들어 봅시다 1

● 다음 뉴스를 들어 봅시다. 12-2

1. 무엇에 대한 내용입니까?

2. 맞는 것에 모두 ✔ 표시를 하십시오.

□ 오늘 이른 아침에 자동차와 자동차가 부딪치는 사고가 일어났다.
□ 커피숍에 사람들이 없어서 그 안에서 다친 사람이 없었다.
□ 노인 운전자 교통사고의 원인은 아직 밝혀지지 않았다.
□ 무단 횡단을 하던 노인이 큰 부상을 입었다.

새 단어

연령층　고령자　무렵　피해자　밝혀지다　달려오다

들어 봅시다 2

● 다음 인터뷰를 들어 봅시다. 12-3

1. 무엇에 대한 내용입니까?

2. 고령자 교통사고의 원인은 무엇입니까?

운전자	보행자
• 안전 수칙을 잘 지키지 않음. •	• 시간이 부족해도 길을 건너려고 함. • •

3. 맞는 것에 모두 ✓ 표시를 하십시오.

□ 두 사람은 노인 인구 증가에 대한 해결 방안을 찾고 있다.
□ 전체 교통사고 발생률은 계속 감소하고 있다.
□ 고령 운전자에게 안전 수칙을 지키도록 교육하면 교통사고를 줄일 수 있을 것이다.
□ 보행자 사망 사고의 반 정도가 고령자 사고이다.
□ 고령자는 안전을 위해 횡단보도나 지하도로 건너기를 더 좋아한다.

4. 다음을 듣고 억양에 주의하면서 따라 해 봅시다. 12-4

1) 그렇겠네요.
2) 안타깝네요.
3) 그에 대한 대책이 필요하겠군요.
4) 안전이 중요하다는 생각을 가져야 하겠군요.

새 단어

연구소 박사 현황 방안 발생률 수칙 게다가 위반하다 대책
고령 교육하다 보행자 사망 방지하다 녹색 깜박이다 지하도 눈에 띄다
밝은색

말해 봅시다

● 젊은 사람들의 교통사고 원인은 무엇이라고 생각합니까? 젊은 사람들의 교통사고를 예방할 수 있는 방안에 대해 이야기해 봅시다.

젊은 사람들의 교통사고 원인은 무엇입니까? 사고를 줄이자면 어떤 노력을 해야 합니까?

문법 3 -자면

1. 다시 들어 봅시다. 12-5

진행자 그럼 고령 운전자 사고를 **줄이자면** 어떻게 해야 하는지 말씀해 주시겠습니까?
박사 안전 수칙과 신호를 지키는 것이 중요합니다.

2. 다음과 같이 말해 봅시다.

1) **가:** 교수님, 외국에서 유학하기 위해서 필요한 것이 무엇입니까?
나: 외국에서 유학하자면 우선 그 나라의 언어와 문화를 알아야 합니다.
2) **가:** 자전거 사고로 사망하는 사람이 많은데 어떻게 하면 이런 사고를 예방할 수 있습니까?
나: ______________ 우선 자전거 운전자들에게 헬멧을 쓰도록 교육해야 합니다.
3) **가:** 요즘 건강에 대한 관심이 커지고 있습니다. 건강하게 살기 위해서 어떻게 해야 합니까?
나: ______________________________.
4) **가:** 내년에 대학교에 입학하고 싶습니다. 무엇을 준비해야 합니까?
나: ______________________________.
5) **가:** 어떻게 하면 생활비를 줄일 수 있습니까?
나: ______________________________.
6) **가:** 날마다 늦게 일어나서 걱정입니다. 어떻게 하면 일찍 일어나는 습관을 가질 수 있습니까?
나: ______________________________.

3. 아래 내용에 대해서 다음과 같이 대화해 봅시다.

대학교 면접시험을 잘 보는 방법	말하기를 잘하는 방법	반 친구/기숙사 방 친구와 친해지는 방법	졸업 후 취직을 잘할 수 있는 방법

가: 대학교 면접시험이 있습니다. 어떻게 하면 대학교 면접시험을 잘 볼 수 있습니까?
나: 우선 면접시험을 잘 보자면 예상 질문에 대한 대답을 미리 잘 준비해야 합니다.
가: 다른 방법도 있으면 말씀해 주시겠습니까?
나: 교수님께 좋은 인상을 주는 것도 중요합니다. 교수님에게 좋은 인상을 주자면…
⋮

문법 4 -는/(으)ㄴ 만큼

1. 다음 문장을 읽어 봅시다.

눈으로 볼 때는 얼음이 두꺼워 보여도 사실 그렇지 않은 경우가 **많은 만큼** 조심해야 한다.

2. 다음과 같이 말해 봅시다.

1) **가:** 학교 축제에 사람들이 많이 올까요? (유명한 가수가 오다 / 사람들이 많이 올 것 같다)
   나: 유명한 가수가 오는 만큼 사람들이 많이 올 것 같아요.
2) **가:** 기숙사에 살면 조심할 것이 많습니까? (여러 명이 같이 살다 / 배려하는 마음이 있어야 하다)
   나: ______________________________.
3) **가:** 좋은 결과가 있었으면 좋겠어요. (열심히 준비했다)
   나: ______________________________.
4) **가:** 윤아 씨가 지식이 참 풍부한 것 같아요. (책을 많이 읽었다)
   나: ______________________________.
5) **가:** 비가 오면 행사가 취소될까요? (중요한 행사이다)
   나: ______________________________.
6) **가:** 우리 반 ○○ 씨가 말하기 대회에서 1등을 하겠지요? (실력이 좋다)
   나: ______________________________.

3. 아래 말을 이용해서 다음과 같이 대화해 봅시다.

방학에 유럽으로 혼자 여행을 가려고 해요.

한국 학생들 앞에서 발표하는 것이 처음이에요.

새로 나온 스마트폰이 기능이 많으니까 비싸겠지요?

금요일 저녁이니까 길이 막힐까요?

가: 방학에 유럽으로 혼자 여행을 가려고 해요.
나: 혼자 가요?
가: 네, 그런데 혼자 가는 여행이 처음이어서 걱정이 많이 돼요.
나: 혼자 가는 여행인 만큼 더 잘 준비해서 가세요. 우선…
⋮

읽고 쓰기

● 준비해 봅시다.

- 여러분 나라에는 어떤 계절이 있습니까? 계절에 따라 일어나는 사건과 사고가 다릅니까?
- 한국에서는 계절에 따라 어떤 사건과 사고가 일어날 것 같습니까?

읽어 봅시다 1

● 다음 글을 읽어 봅시다.

봄이 시작되는 3월은 날씨가 풀리면서 겨울 내내 쌓였던 눈과 얼음이 녹기 시작하는 시기이다. 이 해빙기에는 얼었던 강물이나 호수가 녹으면서 물에 빠지는 사고가 자주 일어난다. 얼음에 구멍을 뚫고 낚시를 하거나 얼음이 두꺼운 줄 알고 그 위에서 놀다가 얼음이 깨지면서 물에 빠지는 일이 많기 때문이다. 눈으로 볼 때는 얼음이 두꺼워 보여도 사실 그렇지 않은 경우가 많은 만큼 조심해야 한다.

1. 이 글의 제목으로 알맞은 것을 고르십시오.

① 해빙기 날씨
② 해빙기 얼음 위 활동
③ 해빙기 안전사고 주의

2. 맞는 것에 모두 ✓ 표시를 하십시오.

□ 해빙기에 눈이 쌓여 있기 때문에 사고가 난다.
□ 해빙기에 얼음 위에서 하는 활동은 위험할 수 있다.
□ 해빙기에도 호수에는 얼음이 두껍게 얼어 있다.

새 단어

시기 해빙기 강물 구멍 뚫다

읽어 봅시다 2

다음 글을 읽어 봅시다.

여름 휴가철에는 많은 사람들이 더위를 피해 집을 비우고 여행을 떠난다. 이때 빈집에 들어와 귀중품을 훔치는 도둑들이 많다. 이 도둑들은 집 앞에 신문, 우유 등이 쌓인 것이나 밤에도 불이 켜지지 않는 것을 보고 빈집이라고 생각하고 집 안으로 침입한다. 이런 도둑은 잡기도 어렵다. 요즘 무인 감시 카메라(CCTV)가 곳곳에 설치되어 있어 범인을 쉽게 검거할 수 있을 거라고 생각한다. 하지만 범인들은 대부분 밤에 집에 침입하고 얼굴도 가리고 있어 검거하기가 어렵다. 이런 범죄를 예방하자면 집을 비우기 전에 이웃에게 부탁하여 우편물이 쌓이지 않게 하거나, 우유는 배달하는 곳에 미리 연락해서 휴가 동안 배달이 되지 않도록 하는 것이 좋다. 또한 집 안에 작은 불이라도 켜 놓고 떠나면 빈집이라는 것을 모르게 할 수도 있으므로 불을 켜 놓고 가는 것도 좋은 방법이다.

1. 이 글의 제목으로 알맞은 것을 고르십시오.

① 휴가철, 귀중품을 관리하는 방법
② 휴가철 도둑 증가, 도둑 검거 방법
③ 휴가철 빈집에 들어오는 도둑, 막을 수 있는 방법

2. 맞는 것에 모두 ✔ 표시를 하십시오.

□ 여름에는 휴가를 가기 때문에 사람이 없는 집이 많다.
□ 도둑들은 집 앞을 보는 것만으로는 빈집인지 아닌지 알 수 없다.
□ 요즘은 무인 감시 카메라가 설치되어 있기 때문에 범인을 쉽게 잡을 수 있다.
□ 휴가를 떠나기 전에 집 앞에 배달되는 물건이 쌓이지 않도록 해야 한다.
□ 도둑들은 집에 불을 켜 놓으면 사람들이 있는 줄 안다.

새 단어

휴가철 비우다 이때 빈집 귀중품 무인 감시 카메라(CCTV) 가리다 범죄 배달하다 검거

읽어 봅시다 3

● 다음 글을 읽어 봅시다.

가을에는 추석 전이나 후에 성묘하러 가는 사람들이 많다. 이 시기에는 성묘하러 가서 벌초를 하다가 벌에 쏘이는 사고가 자주 발생한다. 벌초를 하다가 벌집이 있는지 모르고 벌집을 건드리는 일이 생기는데, 이때 벌집 안에 있던 벌들이 사람을 공격하게 된다. 이 시기에는 벌의 독성이 강해져서 위험한 만큼 벌에 쏘이지 않도록 조심해야 한다. 벌 쏘임으로 인한 피해를 막자면 가을철 산으로 성묘를 갈 때는 검은색이나 어두운색 옷을 피하고 향수도 뿌리지 않는 것이 좋다. 또 벌집을 보면 20m 이상 먼 곳으로 빨리 피해야 한다. 만일 벌에 쏘이게 되면 바로 병원으로 가야 한다. 병원에 가서 치료를 받지 않아 목숨을 잃는 사람들도 있기 때문이다.

1. 이 글의 제목으로 알맞은 것을 고르십시오.

① 가을철 벌의 독성과 치료 방법
② 가을철 성묘할 때 벌 쏘임 주의
③ 가을철 성묘할 때 피해야 할 옷

2. 맞는 것에 모두 ✔ 표시를 하십시오.

□ 벌초를 할 때 벌집을 건드리지 않도록 조심해야 한다.
□ 가을철에는 벌의 독이 강해진다.
□ 가을에 산에 갈 때는 어두운색 옷을 입는 것이 좋다.
□ 향수를 뿌리면 벌에 쏘이는 것을 예방할 수 있다.
□ 벌에 쏘이면 바로 병원에 가서 치료를 받아야 한다.

새 단어

벌초 공격하다 독성 가을철 뿌리다 만일

써 봅시다

다음 내용을 보고 겨울철에 발생하는 사고에 대한 글을 써 보십시오.

	쓸 내용
계절	• 겨울
계절의 특징	• 눈이 많이 옴. • 쌓인 눈이 녹았다가 다시 얼어붙음.
사고	• 골목길과 등산길 낙상 사고
사고 원인	• 골목길에 쌓인 눈을 치우지 않아 얼어붙음. • 등산길에 눈이 녹아 얼어붙음.
예방법	• 골목길을 걸을 때: 주머니에 손 넣지 않기, 바닥을 보면서 천천히 걷기. • 등산할 때: 등산화 신기, 안전 장비 준비하기.

겨울철 낙상 사고 주의

겨울철에는 눈이 자주 오고, 쌓인 눈이 녹았다가 다시 얼어붙게 될 때가 많다. 그래서 겨울철에는

여러분의 나라에서 계절에 따라 일어나는 사건과 사고에 대해 써 보십시오. 언제 어떤 사건과 사고가 많이 일어납니까? 그것이 일어나는 이유는 무엇입니까? 그 사고를 예방하기 위한 방법이 있습니까?

1. 다음의 표에 중요한 내용을 메모하십시오.

	쓸 내용
계절	
계절의 특징	
사고	
사고 원인	
예방법	

2. 메모한 내용을 쓰십시오.

MEMO

쓰기 6 주장하는 글 쓰기 1

알아봅시다

● 논설문에 대해 알아봅시다.

논설문: 어떤 문제에 대해 자신의 의견이나 주장을 논리적으로 밝혀 글을 읽는 사람을 설득시키는 글.
예 신문 사설, 연설문, 논문

● 찬성/반대 논설문의 구성

단계	내용
서론	일반적인 상황이나 현황, 주제에 대한 다른 사람들의 입장
본론	글쓴이의 입장/주장과 근거
결론	내용 요약·정리, 주장 강조

● 찬성/반대 논설문의 내용

단계	내용	예
서론	일반적인 상황/현황	최근 수업 시간에도 게임을 하는 학생들이 증가하고 있다.
	입장 주장	수업 시간에 핸드폰을 사용하는 것에 대해 찬성하는 사람이 있는가 하면 반대하는 사람도 있다. 나는 반대한다.
본론	찬성/반대 입장 – 주장에 대한 근거	수업 시간에 핸드폰을 사용하는 것에 반대하는 이유는 다음과 같다. 첫째, 수업에 집중할 수 없다. 핸드폰을 사용하다 보면 수업 내용과 관계가 없는 다른 내용도 보게 되는 경우가 많다. 예를 들면 SNS나 인터넷을 보는 것인데 핸드폰을 보는 동안 선생님의 설명을 집중해서 들을 수 없다. 둘째, 다른 학생들에게 피해를 줄 수 있다. 수업 시간에 다른 학생과 한국어 문법을 연습하는 시간이 있다. 핸드폰을 보다가 수업 내용을 이해를 하지 못하면 다른 학생과 연습하기 힘들어진다. 열심히 공부하고 싶어 하는 옆 학생이 피해를 입는 것이다. 셋째, 한국어 실력이 늘지 않는다.
결론	요약	수업 시간에 핸드폰을 사용하면 수업에 집중할 수 없다. 그리고 다른 학생들에게 피해를 줄 수 있을 뿐만 아니라 한국어 실력이 늘지 않는다. 그래서 수업 시간에 핸드폰을 사용하는 것에 반대한다.
	주장 강조	수업 시간에 핸드폰을 사용하는 것은 다양한 문제를 불러일으키기 때문에 핸드폰 사용을 금지시켜야 한다.

연습해 봅시다

● 다음 찬성/반대 논설문을 읽고 이 논설문에 해당하는 개요를 써 봅시다.

요즘 청소년 범죄가 심각한 사회 문제가 되고 있다. 청소년 범죄는 점점 강력 범죄가 되고 있으며, 그 피해도 커지고 있다. 이러한 청소년 범죄에 대한 처벌을 강화하는 것에 찬성하는 사람이 있는가 하면 반대하는 의견도 있다. 어른보다 청소년에 대한 처벌이 약하기 때문에 범죄가 계속 일어나는 것은 사실이다. 그래서 나는 이러한 문제를 해결하기 위해 청소년 범죄에 대한 처벌을 강화할 필요가 있다고 생각한다.

청소년 범죄에 대한 처벌을 강화해야 하는 구체적인 이유는 다음과 같다. 첫째, 요즘 청소년들은 정신적인 면에서도 어른과 같기 때문에 옳고 그름을 판단할 수 있는 능력이 충분히 있다. 청소년들도 이미 '하면 안 되는 일'에 대해 충분히 잘 알고 있다. 그러므로 나이가 어리다고 해서 벌을 약하게 줄 필요는 없다. 둘째, 어렸을 때부터 범죄를 저지르면 성인이 되어서도 범죄를 계속 저지르게 될 수 있다. 한국에는 '세 살 적 버릇 여든까지 간다'는 속담이 있다. 나쁜 버릇이나 습관은 가능하면 빨리 고쳐야 한다. 범죄를 저지르고 나서 그에 맞는 처벌을 받게 되면 그 범죄가 올바르지 않은 일이라는 것을 알게 되어 다시는 그런 일을 하지 않을 것이다. 셋째, 사회는 피해자를 보호해 주어야 한다. 예를 들어, 같은 학교에 다니는 학생들 사이에 싸움이 일어났는데 때린 학생은 학교에 다니고 피해를 입은 학생은 무서워서 학교에 나오지 못한다면 피해 학생은 더 큰 상처를 입을 것이다. 즉, 사회는 범죄 학생을 처벌해야 하고 피해 학생은 보호해 주어야 하는 것이다.

이와 같이 청소년들은 이미 어른과 정신적으로 비슷한 수준이기 때문에 옳고 그름을 판단할 수 있을 뿐만 아니라 어렸을 때부터 좋은 습관을 가져야 나중에 사회에서도 좋은 역할을 할 수 있다. 또한 사회에서 피해자를 보호해 주어야 한다는 점에서도 청소년 범죄에 대한 처벌을 강화해야 하는 것은 당연하다.

주제:

서론	•
본론	• 찬성 이유:
	• 찬성 이유:
	• 찬성 이유:
결론	•

써 봅시다

여러분은 10대 청소년들이 화장하는 것에 대해 어떻게 생각합니까? 찬성합니까? 반대합니까? 여러분의 생각을 정리해서 개요를 작성해 보십시오.

10대 화장에 대한 입장

찬성 □	반대 □
이유/근거	이유/근거
1. 외모를 꾸미고 싶은 것은 당연한 것이다.	1. 성장기 청소년의 피부에 안 좋은 영향을 준다.
2. 청소년의 새로운 문화이다.	2. 공부를 소홀히 할 수 있다.
3.	3.

서론	
본론	
결론	

앞에서 정리한 내용을 써 봅시다.

13

동식물과 함께하는 생활

길동무가 좋으면 먼 길도 가깝다

어휘·표현

동식물 관련 어휘

말하기

문법 은/는커녕, –기는커녕
–는걸요/(으)ㄴ걸요

반려동물 키우는 것에 대한 의견 말하기

말하기 활동

동식물 관련 주제에 대해 토론하기

듣고 말하기

옥상 정원의 장점에 대한 인터뷰 듣기

옥상 정원의 관리 문제에 대한 뉴스 듣기

문법 –(으)나 마나

읽고 말하기

반려동물의 현황과 문제에 대한 논설문 읽기

유기 동물 입양에 대한 설명문 읽기

문법 (이)나 다름없다

13과 동식물과 함께하는 생활

준비

- 반려동물이나 반려 식물을 키워 본 적이 있습니까? 그때 어땠습니까?

- 반려동물이나 반려 식물이 사람에게 주는 긍정적인 영향은 무엇입니까?

어휘 · 표현

1. 반려동물이나 반려 식물을 키울 때 해야 할 일이 무엇인지 알아봅시다.

먹이를 챙겨 주다	화분에 물을 주다	어항 물을 갈다	산책을 시키다
목욕을 시키다	훈련을 시키다	새장 청소를 하다	벌레를 잡다
배설물을 치우다	털을 빗기다	시든 잎을 자르다	잡초를 뽑다

반려동물	강아지, 고양이	
	새	
	물고기	
반려 식물		

2. 반려동물이나 반려 식물을 키울 때 장점과 단점이 무엇인지 알아봅시다.

비용이나 시간이 많이/적게 들다	털 때문에 알레르기가 생기다	벌레가 생기다	
관리가 쉽다/어렵다/번거롭다	정서적으로 안정되다	책임감을 배우다	친구처럼 지내다
집 안 분위기가 따뜻해 보이다	집이 지저분해지다	외로움을 달래 주다	

	반려동물	반려 식물
장점		
단점		

- 반려동물을 키우고 싶습니까? 반려 식물을 키우고 싶습니까?
- 왜 그렇습니까?

3. 반려동물 및 반려 식물과 관련된 표현을 알아봅시다.

입양하다 유기하다	적응을 시키다 방치되다	안락사를 시키다 관리되다
키우던 토끼나 강아지 같은 반려동물을 버렸다.	친구가 키우는 고양이가 새끼를 7마리나 낳았다. 그래서 그중에서 한 마리를 데려와서 키운다.	공원에 죽어 가는 나무와 꽃들이 치료를 받지 못하고 그대로 있다.
정원에 있는 나무와 꽃이 시들지 않고 건강하고 깨끗한 상태이다.	나을 수 없는 큰 병에 걸린 동물이 고통을 느끼지 않고 죽게 해 준다.	반려동물을 낯선 환경에 익숙해지게 한다.

- 반려동물을 입양한 적이 있습니까? 어떻게 입양했습니까?
- 유기 동물을 안락사시키는 것에 대해서 어떻게 생각합니까?
- 공원이나 길에 방치되어 있는 식물에 대해서 어떻게 생각합니까?

문법 1 은/는커녕, -기는커녕

여행 갔다가 오니까 스트레스가 다 풀렸지요?

스트레스가 풀리기는커녕 더 쌓였어요. 여행하다가 좀 문제가 있었거든요.

1. 다음과 같이 말해 봅시다.

> 가: 어제 생일이었는데 무슨 선물 받았어요?
>
> 나: 선물은커녕 카드도 못 받았어요.

1) 어제 생일이었는데 무슨 선물 받았어요? (선물 – 카드 – 못 받았다)
2) 어제 옆에 앉아 있던 친구 전화번호 알면 좀 가르쳐 줄 수 있어요? (전화번호 – 이름 – 모르다)
3) 이번에 대학교에 지원했다면서요? 자기소개서 다 썼어요? (자기소개서 – 지원서 – 아직 작성하지 못했다)
4) 오늘 지갑을 안 가지고 왔어요. 미안한데 만 원만 빌려줄 수 있어요? (만 원 – 천 원 – 없다)
5) 고향 친구도 우리 학교에서 같이 공부한다면서요? 자주 만나겠네요. (만나다 – 전화 – 못 하다)
6) 다음 주에 PPT 발표가 있다고 했지요? PPT 다 만들었어요? (PPT를 만들다 – 자료 – 못 찾았다)

2. 다음과 같이 대화해 봅시다.

> 가: 부모님께 가방을 선물하니까 좋아하셨지요?
>
> 나: 좋아하기는커녕 화를 내시더라고요.
>
> 가: 왜요?
>
> 나: 학생인데 비싼 선물 사 왔다고요. 다음부터는 이런 비싼 선물 사지 말라고 하셨어요.
>
> ⋮

부모님께 가방을 선물하니까 좋아하셨지요?

요즘 강아지를 키우니까 좋지요?

방학 때 여행하고 오니까
기분 전환이 되었겠어요.

어제 피곤하다고 하더니 좀 쉬었어요?

아르바이트를 시작했다면서요?
돈 많이 모았겠네요.

요즘 운동한다고 하더니 살이 많이 빠졌어요?

3. 계획이나 예상과 다른 일이 일어난 적이 있었습니까? 아래 상황을 보고 이야기해 봅시다.

피부에 좋다고 하는 화장품을
사서 사용하고 있다.

월급을 많이 주는 회사에
취직했다.

고양이를 좋아해서
고양이 카페에서
아르바이트를 시작했다.

건강해지려고 날마다
1시간씩 뛰었다.

기숙사에서 여러 명이
같이 사니까 불편해서
원룸으로 이사를 했다.

그 화장품 쓰니까 정말
피부가 좋아져요?

피부가 좋아지기는커녕…

문법 2 -는걸요/(으)ㄴ걸요

이렇게 와 주셔서 감사합니다.

감사하기는요. 초대해 주셔서 제가 더 감사한걸요.

1. 다음과 같이 말해 봅시다.

1) **가:** 이 음식 맛있지요?
   나: 저는 좀 별로인걸요. 제 입맛에는 안 맞는 것 같아요.
2) **가:** 한국어 정말 잘하네요.
   나: 잘하기는요. ______________________.
3) **가:** 방학을 하자마자 고향에 가지요?
   나: ______________________. 방학이 짧아서 그냥 여기 있으려고요.
4) **가:** 이 영화 참 재미있지요?
   나: 저는 ______________________. 이런 내용의 영화를 안 좋아하는 편이거든요.
5) **가:** 날마다 조금씩 늦게 오는 걸 보니까 집이 먼가 봐요.
   나: 멀기는요. ______________________. 늦게 일어나서 그래요.
6) **가:** 내일이 시험인데 공부 많이 했지요?
   나: ______________________. 요즘 일이 많았거든요.

2. 다음과 같이 대화해 봅시다.

> **가:** 지금 학교 근처에서 혼자 살지요?
> **나:** 아니요, 기숙사에 사는걸요.
> **가:** 혼자 사는 줄 알았어요. 혼자 살고 싶지 않아요?
> **나:** 저는 기숙사에서 친구들과 같이 사는 게 더 좋은걸요.
> ⋮

지금 학교 근처에서 혼자 살지요?

한국에서 사니까 좋지요?

주말에 놀이공원에 간다면서요?

새로 이사 간 집이 어때요? 예전 집보다 크지요?

영어를 잘한다고 들었어요.
미국에서 공부했나 봐요.

저 어제 머리 잘랐는데 이상하지 않아요?
너무 짧게 자른 거 같아요.

3. 아래 내용에 대해서 친구의 이야기를 듣고 반대 의견을 가볍게 이야기해 봅시다.

범죄를 예방하기 위해서
무인 감시 카메라(CCTV)를
설치하는 것

예뻐지거나 멋있어지려고
성형 수술을 하는 것

유학생들이 아르바이트를
하는 것

유기 동물을
안락사시키는 것

반려동물을 동물 파는
가게에서 사는 것

범죄를 예방하기 위해서
무인 감시 카메라(CCTV)를
설치하는 것이 좋겠지요.

저는 생각이 좀 다른걸요.
무인 감시 카메라를 설치하면…

말하기

- 여러분은 반려동물 키우는 것에 대한 의견을 어떻게 말합니까?
- 다음 표현을 사용해서 말해 봅시다.

사용할 수 있는 상황	표현
동의 구할 때	-지요?
가볍게 반박할 때	-는걸요/(으)ㄴ걸요
제안할 때	-는 게 어때요?
강하게 부정할 때	-기는커녕 -아요/어요
부분적으로 동의할 때	그럴 수도 있겠네요

가

__지요?
(혼자 사니까 외롭다)

나

__는걸요/(으)ㄴ걸요.
(그렇지 않다)

__는 게 어때요?
(강아지를 키워 보다)

가

고향에 있을 때 키워 본 적이 있어요. 그런데 __기는커녕 __아요/어요.
(좋다 - 강아지를 돌보느라고 더 힘들었다)

나

그럴 수도 있겠네요.

- 다음 대화를 들어 봅시다. 13-1

간토야 한국에 온 지 1년이 다 되어 가는데 시간이 갈수록 외롭네요. 제프리 씨도 한국에서 혼자 사니까 외롭지요?

제프리 얼마 전까지는 그런 생각이 들었는데 지금은 그렇지 않은걸요. 요즘 강아지를 키우고 있거든요.

간토야 아, 그래요? 강아지를 키우니까 뭐가 좋아요?

제프리 친구처럼 지낼 수 있어서 좋아요. 간토야 씨도 강아지를 키워 보는 게 어때요?

간토야 고향에 있을 때 강아지를 키워 본 적이 있어요. 그런데 좋기는커녕 강아지를 돌보느라고 더 힘들었어요.

제프리 뭐가 힘들었는데요?

간토야 목욕도 시켜야 하고 배설물도 치워야 해서 손이 많이 가더라고요.

제프리 그럴 수도 있겠네요.

1. 확인해 봅시다.

1) 제프리는 요즘 생활이 어떻습니까?

2) 간토야는 고향에서 강아지를 키웠을 때 어땠습니까?

3) 왜 그랬습니까?

2. 대화를 바꿔 말해 봅시다.

강아지를 키우다	친구처럼 지낼 수 있어서 좋다	좋다 – 강아지를 돌보느라고 더 힘들었다	목욕도 시켜야 하고 배설물도 치워야 하다 – 손이 많이 가다
반려 식물을 기르다	집 안 분위기도 따뜻해 보이고 정서적으로 안정되다	안정되다 – 신경 쓸 일이 많아서 피곤했다	시든 잎도 잘라 줘야 하고 벌레가 생기면 잡아 줘야 하다 – 손이 많이 가다
물고기를 키우다	다른 동물보다 키우기가 편하다	편하다 – 관리를 해야 해서 더 번거로웠다	어항 물도 갈아 줘야 하고 먹이도 챙겨 줘야 하다 – 할 일이 많다
새를 기르다	외로움을 달래 줘서 좋다	좋다 – 할 일이 많아서 귀찮았다	새 먹이도 챙겨 줘야 하고 새장 청소도 해야 하다 – 번거롭다

말하기 활동

● 동식물에 대한 주제로 토론을 해 봅시다.

활동 방법

1) 아래 주제에 대해 찬성하는지 반대하는지 선택하고 그 이유를 정리하십시오.
2) 각 주제에 대해 모든 친구들에게 각각 의견과 그 이유를 물어보면서 토론해 봅시다.
3) 어떤 의견이 많이 나왔는지 정리해 봅시다.

1. 아래의 주제에 찬성합니까? 반대합니까? 그 이유는 무엇입니까?

주제	이유
반려동물을 키우는 것	☐ 찬성 ☐ 반대
돌고래나 코끼리 쇼를 하는 것	☐ 찬성 ☐ 반대
동물의 가죽으로 된 옷을 입는 것	☐ 찬성 ☐ 반대
개를 시각 장애인을 위한 안내견으로 키우는 것	☐ 찬성 ☐ 반대
자연에서 살다가 다친 동물을 치료해 준 후 다시 자연으로 보내는 것	☐ 찬성 ☐ 반대
반려 식물을 키우는 것	☐ 찬성 ☐ 반대
사람들이 먹기 좋게 하기 위해 채소를 작게 만드는 것	☐ 찬성 ☐ 반대
농약을 주지 않고 과일이나 채소를 키우는 것	☐ 찬성 ☐ 반대

2. 아래 표현을 이용하여 서로의 의견을 말해 봅시다.

반대 의견 말하기

- 저는 그렇게 생각하지 않는데요
- 저는 생각이 좀 다른걸요
- -ㄴ다고/는다고/다고 해서 다 그런 것은 아닙니다
- 은/는커녕 -ㅂ니다/습니다

다른 사람의 의견을 인정하면서 다른 의견 말하기

- ㅇㅇ 씨 의견/말도 맞기는 하지만…
- 그렇지 않은 경우도 있습니다
- 그런 점에서 인정하지만…
- 그럴 수도 있지만…

동의하기

- 저도 비슷한 생각/의견입니다
- 저도 그렇게 생각합니다

3. 각 주제에 대해 어떤 결과가 나왔습니까?

- 어떤 주제에 찬성하는 사람이 가장 많습니까?
- 어떤 주제에 반대하는 사람이 가장 많습니까?
- 자신과 의견이 가장 비슷한 사람은 누구입니까?
- 자신과 의견이 가장 다른 사람은 누구입니까?

듣고 말하기

● 준비해 봅시다.

- 여러분이 사는 곳 근처에 공원이 있습니까? 그곳에 가면 무엇이 좋습니까?
- 건물 옥상에 있는 정원에 가 본 적이 있습니까?

들어 봅시다 1

● 다음 인터뷰를 들어 봅시다. 13-2

1. 무엇에 대한 내용입니까?

2. 남자와 여자가 말한 옥상 정원의 좋은 점은 무엇입니까? 알맞은 내용을 연결하십시오.

남자 •	• 자연을 느낄 수 있다.
	• 혼자만의 시간을 보낼 수 있다.
여자 •	• 스트레스가 풀리는 것 같다.
	• 조용한 시간을 가질 수 있다.

3. 맞는 것에 모두 ✔ 표시를 하십시오.

□ 직장인들은 점심 식사를 하려고 옥상 정원에 올라온다.
□ 직장인들에게 옥상 정원이 인기가 있다.

새 단어
옥상 새소리 날아가다 방해하다 올라오다 북적거리다 출퇴근 업무

들어 봅시다 2

● 다음 뉴스를 들어 봅시다. 13-3

1. 기자가 찾아간 옥상 정원의 상태는 어떻습니까? 알맞은 내용을 연결하십시오.

첫 번째 옥상 정원 •	• 치우지 않은 쓰레기 때문에 나쁜 냄새가 남.
	• 담배꽁초가 여기저기 버려져 있음.
두 번째 옥상 정원 •	• 바닥이 새들의 배설물로 더러워져 있음.
	• 잡초가 무성함.

2. 다음에 이어질 내용은 무엇입니까?

3. 중심 생각이 무엇인지 고르십시오.

① 도심에 옥상 정원과 같은 휴식 공간을 더 만들어야 한다.
② 옥상 정원이 휴식 공간이 될 수 있도록 잘 관리해야 한다.
③ 옥상 정원에서 자연을 즐길 수 있도록 꽃을 잘 관리해야 한다.

4. 다음을 듣고 발음에 주의하면서 따라 해 봅시다. 13-4

1) 치우지 않은[아는] 쓰레기도 쌓여[싸여] 있습니다.
2) 오히려 스트레스만 더 쌓일[싸일] 것 같습니다.
3) 휴식을 위해 만들어 놓은[노은] 공간입니다.
4) 이곳의 좋은[조은] 점은 뭐라고 생각하십니까?

새 단어
무성하다

말해 봅시다

● 여러분이 기자와 전문가가 되어 옥상 정원을 잘 관리하기 위한 방법에 대해 이야기해 봅시다.

옥상 정원을 잘 관리하기
위해서 무엇이 필요한지
말씀해 주시겠습니까?

옥상 정원을
잘 관리하자면…

문법 3 -(으)나 마나

1. 다시 들어 봅시다. 13-5

옥상 정원은 도심에서 자연을 즐기며 휴식을 취할 수 있도록 만들어 놓은 공간입니다. 그런데 이렇게 관리되지 않고 방치되면 **있으나 마나**입니다.

2. 다음과 같이 말해 봅시다.

1) **가:** 무인 감시 카메라가 있는데 왜 범인 잡기가 어렵지요?
   나: 무인 감시 카메라가 __있으나 마나예요.__ 고장 났대요.
2) **가:** 세탁기가 고장 났는데 왜 안 고쳐요?
   나: 너무 오래돼서 ____________. 지난번에도 고쳤는데 일주일 만에 또 고장 났어요.
3) **가:** 압둘라 씨한테 일찍 오라고 이야기하세요. 계속 늦게 오잖아요.
   나: ____________. 여러 번 이야기했는데도 안 들어요.
4) **가:** 약국에서 산 약을 먹으니까 좋아졌어요?
   나: ____________. 효과가 없어요. 내일은 병원에 가야겠어요.
5) **가:** 너무 더운데 창문 좀 열어도 돼요?
   나: ____________. 바람이 전혀 불지 않아요.
6) **가:** 요즘 건강을 위해서 하루에 15분 정도 걷고 있어요.
   나: 15분요? ____________. 적어도 30분은 걸어야지요.

3. 아래 질문을 이용해서 다음과 같이 대화해 봅시다.

- 투이 씨에게 영화 보러 가자고 하면 같이 갈까요?
- 이 빨간색 옷이 저한테 어울리는지 한번 입어 볼까요?
- 지금 점심시간인데 사무실이 문을 열었는지 가 볼까요?
- 좋아하는 가수의 콘서트 표가 매진됐다고 하는데 살 수 있는지 알아볼까요?

가: 투이 씨에게 영화 보러 가자고 하면 같이 갈까요?
나: 그럼요, 물어보나 마나 같이 갈 거예요. 투이 씨는 영화를 좋아하잖아요.
가: 그럼 같이 가자고 해야겠어요.
나: 네, 그러세요. 듣자마자 간다고 할 거예요.
⋮

문법 4 (이)나 다름없다

1. 다음 문장을 읽어 봅시다.

반려동물은 사람과 더불어 살아가는 **'가족이나 다름없는** 동물'인 만큼 '아이처럼' 또는 '가족처럼' 생각해야 한다.

2. 다음과 같이 말해 봅시다.

1) **가:** 강아지 키운 지 오래되었다면서요?
   나: 네, 키운 지 10년이 넘었어요. 우리 강아지는 가족이나 다름없어요.
2) **가:** 이거 새 옷인가 봐요. 잘 어울려요.
   나: 3년 전에 산 거예요. 그런데 사고 나서 거의 안 입어서 ____________.
3) **가:** 한국어 공부할 때 친구가 많이 도와줘요?
   나: 네, 모르는 게 나올 때마다 설명을 잘 해 줘요. 저한테는 ____________.
4) **가:** 친구한테 부탁했는데 생각해 보겠다고 하더라고요.
   나: 그래요? 한국 사람이 생각해 보겠다고 하는 것은 ____________.
5) **가:** 몽골에 가 봤어요?
   나: 간 적은 없는데 몽골 친구한테 아주 많이 들어서 ____________.
6) **가:** 어제 시험 어땠어요?
   나: 너무 어려워서 3번까지 풀다가 나왔어요. 그러니까 ____________.

3. 아래 내용에 대해서 다음과 같이 대화해 봅시다.

가족처럼 생각하는 사람	아주 많이 들어서 직접 본 것과 같은 것	친구 중에서 선생님처럼 잘 가르쳐 주는 친구

가: 가족처럼 생각하는 사람이 있어요?
나: 네, 있어요. 옆집에 사시던 할머니가 가족이나 다름없는 분이에요.
가: 왜 그렇게 생각해요?
나: 어렸을 때 부모님이 다 회사에 가시고 안 계실 때 저를 부모님처럼 잘 챙겨 주셨어요.
가: 아, 그랬군요. 기억에 남는 일이 있어요?

⋮

읽고 말하기

● 준비해 봅시다.

- 여러분 나라에서는 반려동물을 많이 키웁니까? 어떤 동물을 키웁니까?
- 반려동물을 키우는 것에 대해 어떻게 생각합니까?

읽어 봅시다 1

● 다음 글을 읽어 봅시다.

반려동물은 '사람과 더불어 살아가는 동물'이라는 의미이다. 2007년 전까지는 '옆에 두고 귀여워하면서 기르는 동물'인 '애완동물'이라는 말을 사용했는데, 2007년 '동물 보호법'이 개정된 이후부터는 '반려동물'이라는 용어를 사용하고 있다.

최근 농림축산식품부에서 실시한 반려동물의 현황에 대한 조사 결과에 의하면 4가구 중 약 1가구가 반려동물을 키우는 것으로 나타났다. 2년 전에 실시한 조사에서는 전체 가구 중에서 반려동물을 키우는 가구가 21.8%를 차지했는데 올해 실시한 조사에서는 28.1%를 차지하여 반려동물을 키우는 가구의 수가 증가한 것으로 나타났다. 이처럼 반려동물을 키우는 가구의 수가 증가한 원인은 한국 사회의 저출산과 고령화 현상 때문에 1~2인 가구가 많아지면서, 반려동물을 친구나 자식처럼 키우는 사람들이 빠르게 늘어나고 있기 때문이다.

그런데 이렇게 반려동물을 키우는 사람들이 많아지면서 키우던 반려동물을 버리는 사람들도 늘어나고 있어 사회 문제가 되고 있다. 반려동물을 유기하는 이유는 돌보는 것이 귀찮아지거나, 동물이 늙거나 병이 들어 치료비 등의 비용이 많이 들어가기 때문이라고 한다. 이렇게 버려진 유기 동물은 유기 동물을 보호하는 곳에 있다가 새로운 주인이 나타나지 않으면 안락사가 되고 만다.

반려동물은 사람과 더불어 살아가는 '가족이나 다름없는 동물'인 만큼 '아이처럼' 또는 '가족처럼' 생각해야 한다. 그리고 반려동물을 입양해서 가족으로 맞는 순간부터 반려동물이 죽는 마지막 순간까지 책임을 지는 것도 중요하다.

1. 각 단락의 중심 내용을 쓰십시오.

단락	중심 내용
1단락	반려동물의 의미와 그 용어를 사용한 시기
2단락	
3단락	
4단락	

2. 맞는 것에 모두 ✓ 표시를 하십시오.

□ 반려동물이라는 말을 사용하다가 애완동물이라는 말을 사용하게 되었다.
□ 혼자 사는 사람이 많아지면서 반려동물을 가족처럼 생각하는 사람들도 많아졌다.
□ 키우던 동물을 버리는 이유 중 하나는 반려동물이 병에 걸렸기 때문이다.
□ 유기 동물은 새로운 가족을 못 찾아도 보호해 주는 곳에서 계속 지낼 수 있다.

3. 이 글의 중심 생각이 무엇인지 고르십시오.

① 반려동물을 키울 때는 책임감이 필요하다.
② 한국 사회가 달라지면서 반려동물에 대한 생각이 바뀌었다.
③ 유기 동물을 보호하는 데 드는 비용이 늘어나면서 문제가 되고 있다.

새 단어

더불다	살아가다	동물 보호법	개정되다	이후	용어	농림축산식품부	저출산
고령화	현상	자식	늙다	치료비	보호하다	지다	

읽어 봅시다 2

● 다음 글을 읽어 봅시다.

유기 동물 입양에 대한 찬반

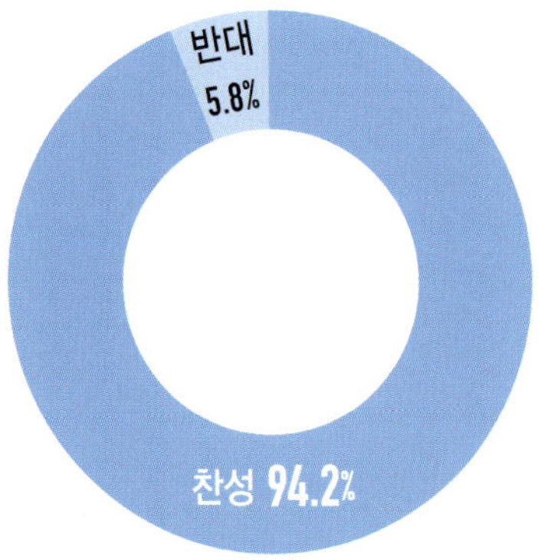

입양 반대의 이유

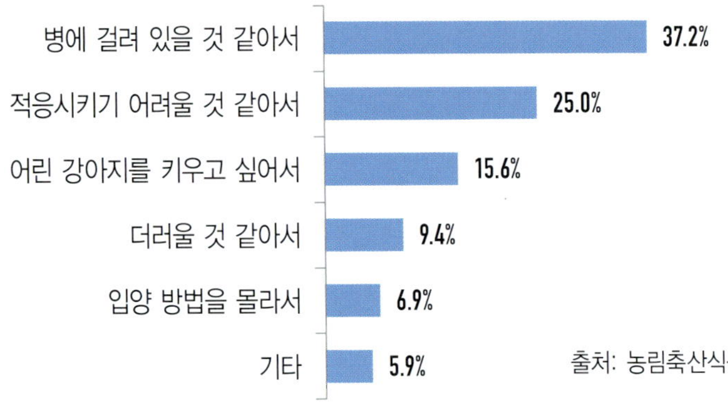

출처: 농림축산식품부

농림축산식품부에서 성인 남녀 5,000명을 대상으로 설문 조사를 실시하여 유기 동물 입양에 대한 의견을 알아보았다. 먼저 유기 동물 입양 찬반에 대한 조사 결과, 유기 동물 입양에 찬성하는 사람은 94.2%를 차지하였고, 반대하는 사람은 5.8%를 차지하여 대부분의 사람들이 유기 동물 입양에 찬성하는 것으로 나타났다.

다음으로, 유기 동물 입양에 반대한다고 응답한 사람들을 대상으로 입양에 반대하는 이유를 물어보았다. 그 결과는 다음과 같다. '병에 걸려 있을 것 같아서'가 37.2%를 차지하여 가장 높게 나타났다. 이것은 많은 사람들이 유기 동물이 병에 걸려서 버려졌다고 생각하기 때문인 것으로 보인다. 그다음으로 '적응시키기 어려울 것 같아서'가 25%로 두 번째로 높은 비율을 차지하였고, '어린 강아지를 키우고 싶어서'가 15.6%로 그 뒤를 이었다. 이러한 결과는 사람들이 새로운 환경에 적응시키기 쉬운 어린 강아지를 선호하는 것을 보여 주는 것이다. 그리고 '더러울 것 같아서'가 9.4%, '입양 방법을 몰라서'가 6.9%의 순으로 나타났다.

1. 무엇에 대한 내용입니까?

2. 맞는 것에 모두 ✔ 표시를 하십시오.

☐ 농림축산식품부에서 버려진 동물을 입양하는 문제에 대해 조사하였다.
☐ 유기 동물 입양에 찬성하는 사람보다 반대하는 사람이 더 많다.
☐ 아픈 유기 동물을 치료해 주기 위해서 입양하고 싶어 하는 사람이 많다.

새 단어

입양 찬반 응답하다 선호하다

말해 봅시다

앞에서 읽은 설문 조사와 같이 반려동물에 대한 주제로 설문 조사를 해 봅시다.

1. 다음 질문 중에서 하나를 선택하거나, 원하는 질문을 만들어 봅시다.

1	2	3	4
학교에서 유기 동물을 공동으로 키우는 것에 찬성합니까? 반대합니까?	길에 있는 새들에게 먹이를 주는 것에 찬성합니까? 반대합니까?	유기 동물을 안락사시키는 것에 찬성합니까? 반대합니까?	유학생이 반려동물을 키우는 것에 찬성합니까? 반대합니까?

5	6	7
커피숍이나 식당에 반려동물을 데리고 오는 것에 대해 찬성합니까? 반대합니까?	동물의 털 때문에 알레르기가 생겨서 키우던 동물을 다른 사람에게 주는 것에 찬성합니까? 반대합니까?	

2. 선택한 질문을 쓰고 예상 대답을 만들어 봅시다.

질문		
대답	□ 찬성	□ 반대
이유	① ② ③ ④ 기타	① ② ③ ④ 기타

3. 설문 조사를 하고 그 결과를 정리해 봅시다.

질문 ( )번	찬성	반대
조사 인원 ( )명	명	명
100%	%	%

순위	□ 찬성 이유 / □ 반대 이유	인원	비율
1		명	%
2		명	%
3		명	%
4		명	%
		총 명	100%

4. 조사한 내용을 정리해서 그 결과를 발표해 봅시다.

MEMO

14

소중한 환경

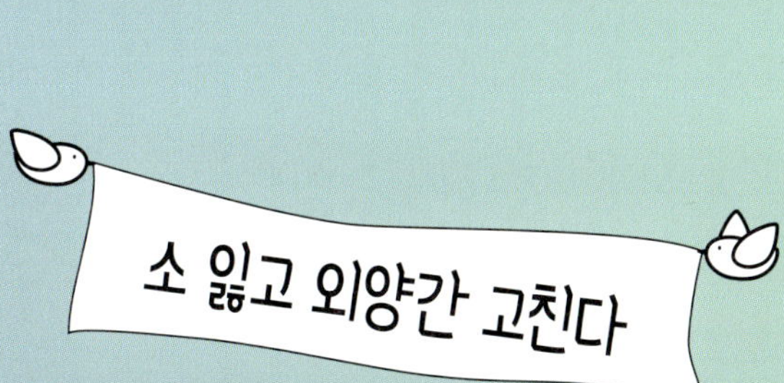

어휘·표현

환경 문제 관련 어휘

말하기

문법 에 달려 있다

–다가는

환경 문제에 대해 경고하기

말하기 활동

환경 보호 표어 만들어 발표하기

듣고 말하기

소음 공해에 대한 대화 듣기

빛 공해에 대한 대화 듣기

문법 –(으)ㄴ 채로

읽고 쓰기

미세 플라스틱 쓰레기 문제에 대한 논설문 읽기

문법 –는/(으)ㄴ 법이다

14과 소중한 환경

준비

- 여러분이 알고 있는 환경 오염에는 무엇이 있습니까?

- 환경이 오염되면 어떤 문제가 생깁니까?

어휘 · 표현

1. 환경 오염의 종류 및 원인과 관련된 표현을 알아봅시다.

공장에서 매연이 발생하다	공장에서 폐수를 배출하다	일회용품을 사용하다
생활 하수를 흘려보내다	농약을 사용하다/뿌리다	자동차에서 배기가스가 나오다

대기 오염

수질 오염

토양 오염

2. 환경 오염이 사람과 동식물에 어떤 영향을 미치는지 알아봅시다.

질병 발생률이 증가하다　　지구 온난화 현상이 나타나다　　식물이 잘 성장하지 못하다
물고기가 떼죽음을 당하다　　마음 놓고 숨을 쉴 수 없다

지구의 온도가 점점 올라가고 있다.	강이 더러워져서 냄새가 심하게 나고 죽은 물고기가 강에 많이 떠 있다.	미세 먼지가 심해서 많은 사람들이 마스크를 쓰고 다닌다.

나무, 꽃, 과일 등이 덜 자라거나 이상하게 자란다.	원인을 알 수 없는 병에 걸리기도 하고 병에 더 쉽게 걸리기도 한다.

- 여러분 나라에서는 최근 어떤 환경 오염이 심각합니까?
- 환경 오염의 원인은 무엇입니까?
- 그 환경 오염으로 인해 어떤 영향이 있습니까?

3. 환경 보호를 위해 우리가 실천할 수 있는 것을 알아봅시다.

- ☐ 대중교통을 이용한다.
- ☐ 쓰레기를 분리해서 버린다.
- ☐ 설거지할 때 세제를 조금만 사용한다.
- ☐ 나무를 심는다.
- ☐ 일회용품 사용을 줄인다.
- ☐
- ☐ 이를 닦을 때 컵에 물을 받아서 사용한다.
- ☐ 가까운 거리는 걸어서 간다.
- ☐ 장을 볼 때 장바구니를 가지고 간다.
- ☐ 음식을 남기지 않는다.
- ☐
- ☐

- 위에서 여러분이 실천하고 있는 것은 무엇입니까?
- 환경 보호를 위해 우리가 실천할 수 있는 것에는 또 어떤 것이 있습니까?

문법 1 에 달려 있다

어떻게 하면 환경 문제를 해결할 수 있을까요?

환경 문제 해결은 우리의 실천에 달려 있습니다.

1. 다음과 같이 말해 봅시다.

1) **가:** 어떻게 하면 건강해질 수 있을까요? (식습관)

나: 건강은 식습관에 달려 있어요.

2) **가:** 오늘 외식하러 어디에 가세요? (아이들)

나: 글쎄요, 우리 집에서 메뉴 결정은 ________________. 저도 궁금하네요.

3) **가:** 제가 이번 시험에 합격할 수 있을까요? (노력하다)

나: 시험에 합격하는 것은 ________________.

4) **가:** 왜 마키 씨가 부탁하면 다른 사람들이 잘 들어줄까요? (어떻게 말하다)

나: 그건 같은 내용이라도 ________________. 마키 씨는 말을 예쁘게 하잖아요.

5) **가:** 어떻게 하면 아이가 공부를 잘할 수 있을까요? (얼마나 좋다)

나: 성적은 공부하는 환경이 ________________.

6) **가:** 어떻게 하면 이번 대회에서 우승을 할 수 있을까요? (얼마나 회복되었다)

나: 이번 대회 결과는 부상을 당한 선수들이 ________________.

2. 다음과 같이 대화해 봅시다.

가: 어떻게 하면 글을 잘 쓸 수 있을까요?

나: 글쓰기 실력은 책을 얼마나 많이 읽느냐에 달려 있어요. 책을 많이 읽으면 좋은 글을 많이 볼 수 있으니까요.

가: 네, 혹시 저에게 추천해 줄 만한 책이 있어요?

나: ○○ 씨는 무슨 분야에 관심이 있는데요?

⋮

어떻게 하면 글을 잘 쓸 수 있을까요?

어떻게 하면 요리를 잘할 수 있을까요?

○○ 씨, 게임을 잘하던데 비결이 뭐예요?

어떻게 하면 피부가 좋아질까요?

친구를 많이 사귀고 싶은데
방법을 잘 모르겠어요.

우리 회사에서 새 휴대 전화가 나왔는데
어떻게 하면 판매량을 늘릴 수 있을까요?

3. 다음은 무엇에 의해 결정되는지 이야기해 봅시다.

즐거운 유학 생활

즐거운 수업

즐거운 여행

즐거운 회사 생활

유학 생활을 즐겁게 하기
위해서 무엇이 중요할까요?

즐거운 유학 생활은 수업 후에
시간을 어떻게 보내느냐에
달려 있어요. 먼저…

문법 2 -다가는

오늘도 아침을 못 먹었어요.

그렇게 매일 아침을 안 먹다가는 건강이 나빠질 거예요.

1. 다음과 같이 말해 봅시다.

가: 오늘은 너무 피곤하니까 숙제는 주말에 할래요.
나: 그렇게 숙제를 미루다가는 주말에 힘들어질 거예요.

1) 오늘은 너무 피곤하니까 숙제는 주말에 할래요. (숙제를 미루다 – 주말에 힘들어지다)
2) 요즘 회사에서 밥도 못 먹을 정도로 정신없이 바빠요. (과로하다 – 쓰러지다)
3) 얼굴에 여드름이 났는데 자꾸 만지게 돼요. (계속 만지다 – 여드름이 심해지다)
4) 쓰레기를 분리해서 버리기가 번거로워서 그냥 같이 버려요. (쓰레기를 그냥 버리다 – 토양 오염이 심각해지다)
5) 잘못 복사해서 종이를 100장이나 버렸어요. (종이를 낭비하다 – 산에 있는 나무가 다 사라지다)
6) 세제를 많이 썼더니 그릇이 더 깨끗해진 것 같아요. (세제를 많이 쓰다 – 나중에 오염된 물을 마시게 되다)

2. 다음과 같이 대화해 봅시다.

가: 설거지하기 귀찮으니까 나무젓가락으로 먹는 게 어때요?
나: 자꾸 일회용품을 사용하다가는 쓰레기 문제가 더 심각해질지도 몰라요.
가: 그렇긴 한데 편하잖아요. 오늘만 사용해요.
나: 저는 그냥 안 쓸래요.

⋮

설거지하기 귀찮으니까 나무젓가락으로 먹는 게 어때요?

요즘 운전하면서 휴대 전화로 드라마를 볼 때가 많아요.

어제도 남자 친구/여자 친구한테 거짓말하고 클럽에 다녀왔어요.

우리 반에 고향 친구가 많아서 수업 시간에 모국어를 사용할 때가 많아요.

요즘 거의 매일 밤에 라면을 먹어요.

요즘 사고 싶은 게 많아서 매일 쇼핑을 하고 있어요.

3. 다음과 같은 일을 반복해서 하는 친구에게 경고해 봅시다.

휴대 전화를 손에서 놓지 않는다.

매일 늦잠을 잔다.

하루 종일 게임을 한다.

매일 혼자 술을 마신다.

또 인터넷 검색하고 있어?

휴대 전화를 안 보면 할 게 없어.

말하기

- 여러분은 환경 문제에 대해서 경고할 때 어떻게 말합니까?
- 다음 표현을 사용해서 말해 봅시다.

사용할 수 있는 상황	표현
궁금한 것 물을 때	왜 이렇게 -아/어?
이유 말할 때	-거든
경고할 때	이렇게 -다가는 -(으)ㄹ지도 몰라
가볍게 반박할 때	-ㄴ다고/는다고/다고 -겠어?
조건 말할 때	은/는 ~에 달려 있어

가

왜 이렇게 __아/어?
(방이 춥다)

나

__거든.
(날씨가 너무 더워서 에어컨을 계속 켜 놓았다)

가

이렇게 __다가는 __(으)ㄹ지도 몰라.
(계속 에어컨을 사용하다 - 지구 온난화 현상 때문에 북극에 있는 빙하가 다 녹다)

나

__ㄴ다고/는다고/다고 __겠어?
(나 하나 이렇게 하다 - 환경에 무슨 영향을 주다)

가

__은/는 __에 달려 있어.
(환경 문제 해결 - 우리의 실천)

- 다음 대화를 들어 봅시다. 14-1

간토야 아니, 왜 이렇게 방이 추워?

압둘라 날씨가 너무 더워서 에어컨을 계속 켜 놓았거든.

간토야 아무리 날씨가 더워도 이건 좀 심한데.

압둘라 여름엔 시원한 게 최고지, 뭐.

간토야 어제 수업 시간에 본 다큐멘터리 기억 안 나? 이렇게 계속 에어컨을 사용하다가는 지구 온난화 현상 때문에 북극에 있는 빙하가 다 녹을지도 몰라.

압둘라 나 하나 이렇게 한다고 환경에 무슨 영향을 주겠어?

간토야 모두 다 '나 하나 어때?' 하는 마음으로 그러는데 환경 문제 해결은 우리의 실천에 달려 있어.

압둘라 그래, 알았어. 앞으로 노력할 수 있는 건 꼭 노력할게. 오늘은 좀 봐줘.

1. 확인해 봅시다.

1) 에어컨을 계속 사용하면 어떤 문제가 생길 수 있습니까?

2) 대부분의 사람들은 환경 문제에 대해 어떻게 생각합니까?

3) 환경 문제를 해결하기 위해서 제일 중요한 것은 무엇입니까?

2. 대화를 바꿔 말해 봅시다.

방이 춥다	날씨가 너무 더워서 에어컨을 계속 켜 놓았다	날씨가 덥다	여름에는 시원하다	계속 에어컨을 사용하다 – 지구 온난화 현상 때문에 북극에 있는 빙하가 다 녹다
포장지가 많다	여자 친구 생일이라서 예쁜 포장지를 많이 준비했다	여자 친구 생일이다	선물은 예쁘게 포장하다	포장지를 많이 사용하다 – 숲이 다 사라지다
물을 계속 틀어 놓고 설거지하다	물을 계속 틀어 놓는 게 편하다	수도 요금이 싸다	편하다	물을 낭비하다 – 앞으로 사용할 수 있는 물이 부족해지다
일회용품이 많다	파티가 있어서 일회용품을 많이 샀다	파티가 있다	편하다	일회용품을 많이 사용하다 – 쓰레기가 많아져서 토양 오염이 심각해지다

말하기 활동

● 아래 포스터를 보고 어떤 환경 문제와 관련이 있는지 이야기해 봅시다.

● 포스터에 어울리는 표어를 만들어 봅시다.

1. 친구와 함께 환경 문제에 대한 사진이나 그림을 찾은 후 어울리는 표어를 만들어 봅시다.

1) 무슨 그림입니까?	
2) 무슨 환경 문제입니까?	
3) 그 환경 문제가 발생한 원인은 무엇입니까?	
4) 어떤 표어를 만들면 좋겠습니까?	
5) 그래서 앞으로 우리가 어떻게 해야 합니까?	

2. 함께 만든 표어를 소개하고 그 의미에 대해 설명해 봅시다.

3. 친구들이 만든 표어 중에서 가장 마음에 드는 것을 골라 봅시다. 그리고 왜 그것이 마음에 드는지 이야기해 봅시다.

듣고 말하기

● 준비해 봅시다.

- '소음 공해'와 '빛 공해'라는 말을 들어 본 적이 있습니까?

들어 봅시다 1

● 다음 대화를 들어 봅시다. 14-2

1. 무엇에 대한 내용입니까?

2. 맞는 것에 모두 ✓ 표시를 하십시오.

☐ 남자는 공사 때문에 생기는 소음으로 힘들다.
☐ 소음으로 인해 사람에게 병이 생길 수도 있다.
☐ 동물로 인한 소음 때문에 사람이 큰 피해를 입고 있다.
☐ 고래는 소리를 이용해서 다른 고래와 의사소통을 한다.
☐ 소음이 심하다고 해서 고래가 목숨을 잃는 것은 아니다.

새 단어

공해 땅 쿵쿵 뛰어다니다 무리 고래

들어 봅시다 2

● 다음 대화를 들어 봅시다. 14-3

1. 무엇에 대한 내용입니까?

2. 빛 공해는 무엇입니까?

빛 공해는 밤에 ____________이/가 너무 많아서 생활에 ____________을/를 주는 것이다.

3. 맞는 것에 모두 ✓ 표시를 하십시오.

☐ 남자의 고향에는 밤에 문을 여는 가게가 많다.
☐ 여자는 서울의 밤이 밝아서 불편하다.
☐ 남자는 빛 때문에 숙면을 취할 수 없다.
☐ 인공조명 근처에 있는 나무는 꽃이나 잎에 문제가 생길 수 있다.
☐ 밤에 너무 밝으면 새는 쉴 수 없다.

4. 남자의 말을 듣고 나서 여자가 느낀 점은 무엇인지 고르십시오.

① 인공조명은 보기 좋은 반면에 부정적인 점도 있다.
② 사람들의 안전을 위해 인공조명을 설치하는 것이 좋다.
③ 동식물을 생각해서 사람들은 밤에 불을 켜지 말아야 한다.

5. 다음을 듣고 끊어 읽기에 주의하면서 따라 해 봅시다. 14-4

1) 너무 밝으면 숙면을 취할 수가 없잖아.
2) 그런 장점도 있긴 한데 '빛 공해'도 있어.
3) 수면 부족 상태가 되고 병에도 쉽게 걸릴 수 있대.
4) 환경을 생각하면 자연스러운 게 제일 좋은 것 같아.

새 단어

전구 안심되다 인공조명 광고하다 부족 부작용

말해 봅시다

여러분도 소음 공해나 빛 공해로 힘들었던 경험이 있습니까? 친구들과 이야기해 봅시다.

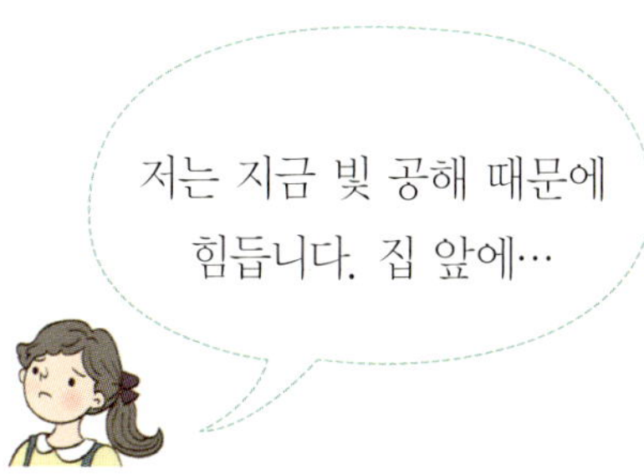

문법 3 -(으)ㄴ 채로

1. 다시 들어 봅시다. 14-5

내 방에도 주변에 있는 가게에서 빛이 많이 들어와. 집 근처에 있는 가게들이 불을 **켜 놓은 채로** 문을 닫거든.

2. 다음과 같이 쓰고 말해 봅시다.

보기

신발을 신은 채로 집에 들어갔다.

1)

2)

3)

4)

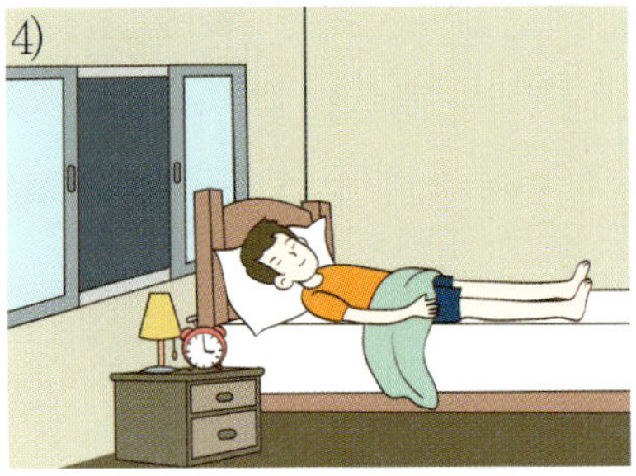

5)

3. 아래와 같은 이유 때문에 생겼던 일에 대해서 다음과 같이 대화해 봅시다.

한국 문화를 잘 몰라서

너무 피곤해서

아침에 너무 급하게 나오느라고

건망증 때문에

가: 저는 한국 문화를 잘 몰라서 어른들 앞에서 책상 위에 앉은 채로 이야기를 한 적이 있어요.
나: 정말요? 사람들이 뭐라고 하던가요?
가: 나중에 옆에 있던 친구가 한국에서는 책상 위에 앉으면 안 된다고 말해 줬어요.
나: 당황했겠네요. 저도 그런 적이 있었어요. 한국에 처음 왔을 때…
⋮

문법 4 -는/(으)ㄴ 법이다

1. 다음 문장을 읽어 봅시다.

편리한 생활에 익숙해져 당장 플라스틱 사용을 줄이는 것은 많이 불편하고 힘들 것이다. 언제나 처음은 **힘든 법이다.**

2. 알맞은 표현을 골라 다음과 같이 말해 봅시다.

시작이 있으면 끝도 있다	모든 일은 때가 있다	기대가 크면 실망도 크다
쉽게 얻은 것은 쉽게 잃는다	가는 말이 고와야 오는 말이 곱다	남의 떡이 더 커 보인다

1) **가:** 시험이며 발표며 준비할 게 너무 많아요. 빨리 다 끝나고 쉬었으면 좋겠어요.
   나: 시작이 있으면 끝도 있는 법이에요. 조금만 참으세요.

2) **가:** 복권에 당첨되어서 천만 원을 받았는데 벌써 다 써 버렸어.
   나: ____________________. 받자마자 은행에 저금하지 그랬어.

3) **가:** 고등학교에 다니는 동생이 공부는 안 하고 아르바이트를 한다고 계속 고집을 부려요.
   나: ____________________. 지금은 공부가 더 중요하니까 잘 설득해 보세요.

4) **가:** 이번에는 정말 남자 친구가 청혼할 거라고 생각했는데 또 아니었어요.
   나: ____________________. 좀 더 기다려 보세요.

5) **가:** 제 가방보다 ㅇㅇ 씨 가방이 더 예쁜 것 같아요.
   나: ____________________. 제가 보기에는 똑같은데요?

6) **가:** 어제 말해 줬잖아. 이것도 몰라?
   나: 야, ____________________. 말 좀 예쁘게 해.

3. 아래 상황을 보고 다음과 같이 대화해 봅시다.

친구의 상황	내가 하고 싶은 말
예전에는 가게에 손님이 많더니 요즘은 손님이 줄었다.	맑은 날이 있으면 흐린 날도 있다.
5만 원만 내면 2박 3일 제주도 여행을 보내 준다고 하는 인터넷 사이트를 보고 있다.	세상에 공짜는 없다.
선배가 나의 잘못된 행동에 대해 충고했는데 기분이 안 좋다.	입에 쓴 약이 병에는 좋다.
좋아하는 사람에게 고백했는데 거절당했다.	열 번 찍어 아니 넘어가는 나무 없다.

가: ㅇㅇ 씨, 무슨 일 있어요? 오늘 기운이 없어 보여요.
나: 예전에는 가게에 손님이 많더니 요즘은 손님이 줄었어요.
가: 맑은 날이 있으면 흐린 날도 있는 법이에요. 장사하다가 보면 이런 날도 있고 저런 날도 있는 거지요. 힘내세요.
나: 고마워요. 힘내서 매출을 늘릴 방법을 생각해 봐야겠어요.
⋮

읽고 쓰기

준비해 봅시다.

- 다음 신문 제목은 어떤 환경 문제와 관련이 있는지 생각해 보십시오.

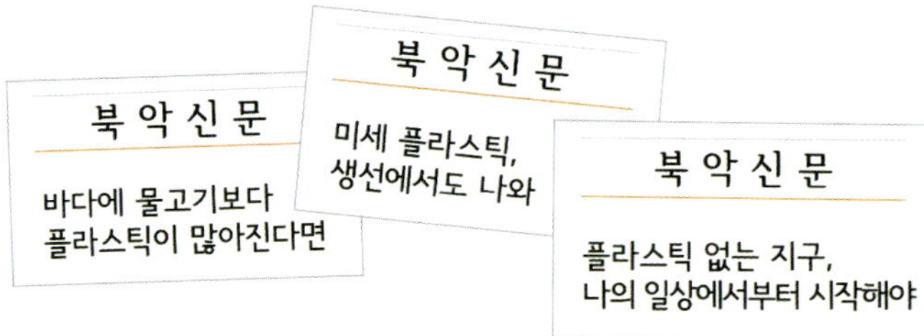

읽어 봅시다

다음 글을 읽어 봅시다.

현대인들의 생활은 플라스틱으로 이루어져 있다고 할 정도로 생활 곳곳에서 플라스틱 컵, 빨대, 비닐봉지 같은 플라스틱 제품이 사용되고 있다. 플라스틱은 가볍고 사용하기가 편하기 때문에 매년 생산량이 증가하면서 플라스틱 쓰레기와 관련된 여러 가지 문제가 함께 발생하였다. 그 이유는 플라스틱 쓰레기의 14% 정도만 재활용되고 대부분은 땅에 묻혀서 썩지 않고 쌓이기 때문이다.

이런 상황에서 최근에는 플라스틱과 관련된 새로운 환경 문제가 등장했다. 바로 '미세 플라스틱' 문제이다. '미세 플라스틱'은 5㎜보다 작은 플라스틱 조각을 말한다. '미세 플라스틱'의 종류는 크게 두 가지로 나눌 수 있는데 하나는 화장품 등 제품에 넣기 위해 사람이 플라스틱을 미세한 형태로 만든 것이고 다른 하나는 바다로 흘러 들어간 큰 플라스틱 쓰레기가 태양 빛이나 파도로 인해 부서지면서 생긴 것이다.

미세 플라스틱이 문제가 되는 이유는 플라스틱을 만들 때 들어가는 화학 물질이 미세 플라스틱 안에 그대로 남아 있기 때문이다. 이 미세 플라스틱이 인간의 몸으로 들어오면 안 좋은 영향을 주게 되는 것이다. 그 과정을 살펴보면 다음과 같다. 미세 플라스틱은 하수 처리 시설에서 걸러지지 않고 바다로 흘러 들어간다. 이렇게 바다로 흘러 들어간 미세 플라스틱은 바다를 떠다니는데 이것을 해양 동물이 먹이로 착각하고 먹는다. 그리고 다시 이 해양 동물을 더 큰 해양 동물이 먹게 되고 그것들이 마지막으로 우리의 식탁에 오르는 것이다. 결국 우리가 버린 쓰레기를 우리가 먹는 것이나 다름없다.

미세 플라스틱으로 인한 문제를 해결하기 위해서는 먼저 화장품, 치약 등의 제품에 넣기 위해 만드는 미세 플라스틱의 사용을 금지해야 한다. 이런 제품의 제조와 판매를 금지하면 미세 플라스틱이 줄어들 것이다. 또한 플라스틱이 부서져서 미세 플라스틱이 만들어지기 때문에 플라스틱의 사용을 줄여야 한다.

우리의 생활 속에서 플라스틱을 줄일 수 있는 방법은 커피숍에서 개인 컵을 쓰거나 장을 볼 때 장바구니를 사용하는 것이다. 그리고 이미 사용한 플라스틱 제품을 버릴 때 라벨을 떼고 깨끗하게 씻어서 버리면 재활용 비율을 높일 수 있으니 실천해 보면 좋을 것이다.

편리한 생활에 익숙해져 당장 플라스틱 사용을 줄이는 것은 많이 불편하고 힘들 것이다. 언제나 처음은 힘든 법이다. 그러나 막상 시작해 보면 자신이 불필요하게 많은 플라스틱을 사용하고 있었다는 것을 알게 될 것이다. 이제 우리는 플라스틱 쓰레기를 줄이기 위해 많은 노력을 기울여야 한다. 아름다운 지구의 미래는 우리의 노력에 달려 있다.

1. 무엇에 대한 내용입니까?

2. 각 단락의 중심 내용을 쓰십시오.

단락	중심 내용
1단락	심각한 플라스틱 쓰레기 문제
2단락	
3단락	
4단락	
5단락	

3. 맞는 것에 모두 ✓ 표시를 하십시오.

☐ 현대인들의 생활과 플라스틱은 떼려야 뗄 수 없는 관계이다.
☐ 플라스틱은 대부분 다시 사용되기 때문에 생산량이 줄고 있다.
☐ 미세 플라스틱에는 큰 플라스틱이 부서지면서 생긴 것도 있다.
☐ 미세 플라스틱은 아주 작아서 사람에게 영향을 주지 않기 때문에 걱정할 필요가 없다.
☐ 커피숍에서 개인 컵을 사용하면 플라스틱 재활용 비율을 높일 수 있다.

4. 미세 플라스틱이 우리 몸에 들어오는 과정을 순서대로 쓰십시오.

(　　)

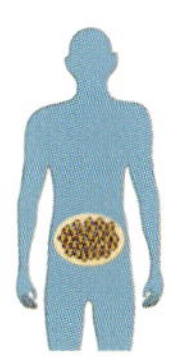
(　　)

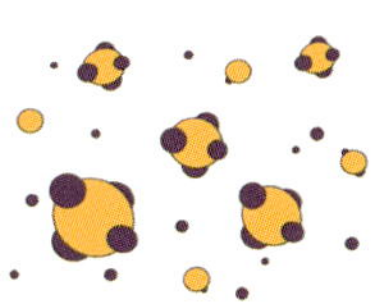
(①)

(　　)

(　　)

5. 이 글에서 주장하는 것은 무엇입니까?

새 단어

사용되다	생산량	재활용되다	묻히다	썩다	등장하다	mm(밀리미터)	조각
미세하다	형태	태양	파도	부서지다	화학 물질	하수 처리	거르다
떠다니다	해양	제조	라벨	막상	기울이다		

써 봅시다

여러분 나라에서 심각한 환경 문제는 무엇입니까? 아래의 내용을 중심으로 환경 문제에 대해 써 봅시다.

환경 문제	
사람과 동식물에 미친 영향	
발생한 원인	
문제 해결을 위한 실천 방법	

인간은 자연을 떠나 살아갈 수 없다. 그렇기 때문에 우리는 자연을 지키기 위해 노력해야 한다. 그러나 최근 ○○에서는 □□ 오염이 심각해지면서 여러 가지 문제가 생겼다.

쓰기 7 주장하는 글 쓰기 2

알아봅시다

● 문제 해결형 논설문의 구성

단계	쓸 내용
서론	문제 제기, 글을 쓰는 목적
본론	문제의 원인, 구체적인 해결 방안
결론	요약, 미래 예상, 실천·발전 방향 제시

● 문제 해결형 논설문의 내용

단계	내용	예
서론	현황	**최근** 청소년 비만 문제가 심각해지고 **있다.**
	일반적인 상황	**비만은 건강에 좋지 않다.**
본론	문제점과 원인 – 해결 방안	청소년 비만은 **여러 문제점을 낳는다. 먼저** 청소년 비만으로 인한 여러 질병이 생길 수 있다는 것이다. **다음으로** 성장에 나쁜 영향을 줄 수 있다. **이러한 문제의 원인은** 청소년들이 패스트푸드를 즐겨 먹기 **때문이다. 또한** 운동 부족도 청소년 비만의 **원인으로 꼽을 수 있다.** 청소년 비만 **문제를 해결하기 위해서 첫 번째는** 건강에 도움이 되는 식습관을 **가져야 한다. 두 번째로** 가벼운 운동이나 스트레칭을 하면서 몸을 움직여 주는 **것이 좋다.**
결론	요약	**지금까지** 청소년 비만 문제 **해결 방안에 대해서 알아보았다. 정리하면 다음과 같다.**
	실천 요구	해결 방법을 알아도 실천하지 않으면 소용없다. **따라서** 행동으로 실천**해야 할 것이다.**
	미래 예상	문제를 해결하기 위해 조금이라도 노력한**다면** 청소년 시기부터 건강을 잘 유지할 수 **있을 것이다.**
	발전 방향 제시	청소년 시기부터 건강을 유지**할 수 있도록** 바른 생활 습관을 가지는 **것이 바람직하다.**

연습해 봅시다 1

다음 문제 해결형 논설문을 읽고 이 논설문에 해당하는 개요를 써 봅시다.

인간은 사회적 동물이기 때문에 혼자 살 수 없다. 의사소통은 이런 인간이 다른 사람들과 함께 살아가는 데 꼭 필요한 것이다. 그러나 최근 현대 사회는 빠른 속도로 변화하면서 의사소통 단절 문제가 점점 심각해지고 있다.

현대인의 의사소통 단절은 여러 문제를 낳는다. 먼저, 이로 인해 나타나는 가장 큰 문제는 현대인이 정신적으로 힘들어진다는 것이다. 주변 사람들과의 의사소통이 단절되면 외로움을 느끼고 우울증에 걸리며 심하면 범죄나 자살을 선택하기도 한다. 다음으로, 사회 전체에 나쁜 영향을 미치는 것도 큰 문제이다. 학교나 회사 등에서 사람들 사이에 의사소통이 잘 되지 않으면 문제가 생기게 된다. 그리고 이런 문제가 많아지면 결국 사회 전체가 힘들어질 것이다.

이렇게 여러 문제를 낳고 있는 의사소통 단절의 원인으로는 먼저 인터넷의 발달을 들 수 있다. 인터넷이 발달하면서 사람들의 만남이 시간과 공간을 넘어 자유로워졌다. 그 결과 많은 사람들을 알고 지낼 수 있게 됐지만 오히려 깊이 있는 만남은 줄어들었다. 또한 사람들의 생활이 바빠지고 삶의 여유가 없어진 것도 의사소통 단절의 원인으로 꼽을 수 있다. 이제 우리는 자신의 이야기를 하고 싶어도 그것을 들어 줄 대화 상대를 찾지 못할 때가 많아졌다.

이러한 문제를 해결하기 위해서는 사람들의 생각과 행동에 변화가 필요하다. 우선 주변 사람들과의 직접적인 만남을 늘리는 데 신경을 써야 한다. 예를 들어, 동호회에 가입하거나 다양한 모임을 만들어 서로 교류할 수 있는 시간을 늘리는 것이 좋다. 또한 깊이 있는 인간관계를 만들고자 노력해야 한다. 주변 사람들에게 관심을 가지고 먼저 다가간다면 상대방도 마음을 열 것이다.

의사소통 단절 문제를 해결한다면 개인도 더 행복해지고 함께 사는 우리 사회도 더 따뜻해질 것이다. 이러한 사회 분위기를 만들 수 있도록 모두 함께 노력할 필요가 있다.

주제:

서론	•
본론	• 문제점:
	• 원인:
	• 해결 방안:
결론	•

연습해 봅시다 2

문제 해결형 논설문 쓰기를 연습해 봅시다.

문제점 제시	• (으)로 인해 나타나는 가장 큰 문제는 –ㄴ다는/는다는/다는 것이다 • 또한 –ㄴ다는/는다는/다는 것도 문제이다
원인 설명	• 의 원인으로는 ~을/를 들 수 있다 • 또한 ~도 ~의 원인으로 꼽을 수 있다 • 이러한 문제가 생기게 된 원인은 –기 때문이다
해결 방안 제안	• 이러한 문제를 해결하기 위해서는 ~이/가 필요하다 • –(으)려면 –아야/어야 한다 • –고자 –아야/어야 한다

1. 문제점 제시하기

사이버 폭력의 문제점

1)

2)

2. 원인 설명하기

사이버 폭력의 원인

1)

2)

3. 해결 방안 제안하기

사이버 폭력 문제의 해결 방안

1)

2)

써 봅시다

사이버 폭력의 문제점과 해결 방법에 대한 글을 써 봅시다.

서론	•
본론	• 문제점:
	• 원인:
	• 해결 방안:
결론	•

15

과학과 기술

흐르는 물은 썩지 않는다

어휘·표현

과학 기술 관련 어휘

말하기

문법 -더라도

-ㄴ다든가/는다든가/다든가

과학 기술 발전에 대한 의견 말하기

말하기 활동

자신이 원하는 미래의 모습 설명하기

듣고 말하기

잘못된 과학 상식에 대한 대화 듣기

잘못된 과학 상식에 대한 전문가 의견 듣기

문법 -(으)ㄹ 뿐이다

읽고 말하기

생활 속 첨단 과학에 대한 설명문 읽기

과학 축제 안내 포스터 읽기

문법 (이)란 ~을/를 말한다

15과 과학과 기술

준비

- 과학 기술과 우리 생활은 어떤 관계가 있습니까?

- 과학 기술의 발전으로 인해 무엇이 달라졌습니까? 미래에는 어떻게 달라질 것 같습니까?

어휘 · 표현

1. 과학 기술과 관련된 표현을 알아봅시다.

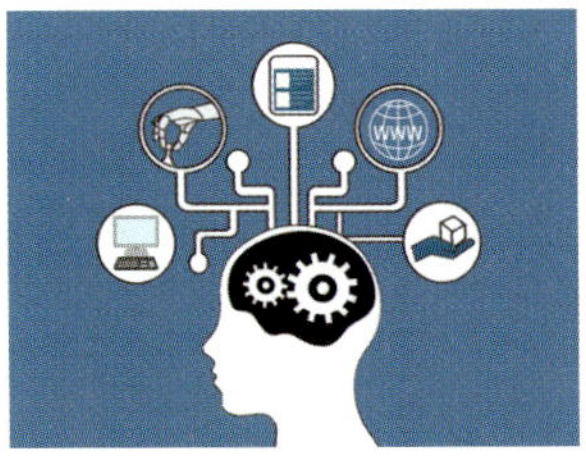

첨단 과학	인공 지능	가상 현실 체험
로봇 개발	미래 식량	자율 주행 자동차

자동차가 스스로 달려서 사람이 직접 운전하지 않아도 된다.	앞으로는 우리가 먹는 음식도 지금과 많이 달라질 것이다.	컴퓨터 시스템이 인간처럼 생각하고 배워서 행동을 한다.
특별한 안경과 장갑을 끼면 실제가 아닌 경험을 할 수 있다.	사람이 하기 어려운 복잡한 일을 해결해 주는 로봇을 만든다.	과학이 발전하면서 계속 최신 기술이 나오고 있다.

- 과학 기술들 중에서 체험해 본 것이 있습니까? 없다면 어떤 것을 체험해 보고 싶습니까?
- 과학 기술은 우리 생활의 어떤 분야를 바꿀 수 있습니까?

2. 과학 기술 발전의 영향에 대한 표현을 알아봅시다.

과학 기술 발전으로 인한 긍정적인 영향

- 일을 효율적으로 하게 되다
- 일을 신속하게 하게 되다
- 일의 정확성이 높아지다
- (빈칸)

컴퓨터에 의존하다

기계에 일자리를 빼앗기다

과학 기술 발전으로 인한 부정적인 영향

사고력이 떨어지다

( )

- 과학 기술 발전으로 인한 긍정적인 영향과 부정적인 영향을 예를 들어 이야기해 봅시다.

3. 긍정적인 영향과 부정적인 영향에 대한 표현을 알아봅시다.

해 방해 혜택	주다 하다 끼치다
	받다 입다

	긍정적	부정적
○ (→ 밖으로)	혜택을 주다	
○ (← 안으로)		

1) 발전한 의학 기술의 ______________________아서/어서 병을 쉽게 치료하게 됐다.
2) 담배에는 우리 몸에 ______________________는 여러 가지 나쁜 물질이 들어 있다.
3) 서울시에서는 시민들에게 공연 표를 할인해 주는 ______________________기로 했다.
4) 밖에서 큰 소리로 이야기하면 교실에서 시험 보는 학생들이 ______________________(으)ㄹ 수 있으니까 주의해야 한다.

- 다른 사람이나 일로부터 혜택을 입은 적이 있습니까?
- 다른 사람이나 일로부터 방해를 받거나 해를 입은 적이 있습니까?

문법 1 –더라도

요즘 바빠서 밥을 제대로 못 먹었더니 건강이 나빠졌어요.

아무리 바쁘더라도 식사는 꼭 해야지요.

1. 다음과 같이 말해 봅시다.

가: 내일 비가 오면 문화 체험이 취소되나요?
나: 비가 많이 오더라도 갈 거예요.

1) 내일 비가 오면 문화 체험이 취소되나요? (비가 많이 오다 – 갈 것이다)
2) 피곤한데 발표 준비는 내일 하는 게 어때? (피곤하다 – 준비를 하고 나서 자야 하다)
3) 배가 고픈데 여기에서 음식을 먹어도 돼요? (배가 고프다 – 여기에서 먹으면 안 되다)
4) 물건 값이 싸서 필요 없는 물건을 많이 샀어요. (물건 값이 싸다 – 필요한지 생각하고 사는 게 좋다)
5) 어제 잠을 못 자서 수업 시간에 자고 말았어요. (어제 못 잤다 – 수업 시간에 자면 안 되다)
6) 중간시험을 잘 못 봐서 이번 학기 공부를 포기하고 싶어요. (시험을 못 봤다 – 공부를 포기하면 안 되다)

2. 다음과 같이 대화해 봅시다.

가: 유학 생활이 힘들어서 고향에 돌아가고 싶어요.
나: 아무리 힘들더라도 포기하지 말고 조금 더 노력해 보세요.
가: 노력하고 있는데 시간이 갈수록 더 힘들어지는 것 같아요.
나: 제가 도와줄 테니까 필요한 거 있으면 이야기하세요.
⋮

유학 생활이 힘들어서 고향에 돌아가고 싶어요.

요즘 할 일이 많아서 어머니 생신을 잊어버렸어요.

날씨가 추우니까 움직이지 않고
계속 집에 있게 돼요.

시험 문제가 너무 쉬워서 10분 만에
다 풀고 나왔어요.

방 친구가 새로 왔는데 처음 만나서 어색해요.

발표 내용을 다 못 외웠어요.
그래서 포기할까 해요.

3. 다음 상황에 대한 친구의 이야기를 듣고 조언이나 충고를 해 봅시다.

마음에 드는 사람에게 고백하고 싶은데
거절당할까 봐 용기가 안 난다.

화려한 색으로 머리를 염색하고 싶은데
사람들이 뭐라고 할까 봐 신경 쓰인다.

요즘 일이 많아서
서두르다가 실수할 때가 많다.

가볍고 편리해서
일회용품을 많이 사용한다.

전공 수업이 너무 어려워서
수업에 자주 결석한다.

요즘 마음에 드는
사람이 생겼어요.

어머, 누군데요?

문법 2 -ㄴ다든가/는다든가/다든가

 집에 있을 때 뭐 해요?

 숙제를 한다든가 음악을 듣는다든가 해요.

1. 다음과 같이 말해 봅시다.

> 가: 보통 수업 끝나고 뭐 해요?
> 나: 집 앞 커피숍에 간다든가 친구를 만난다든가 해요.

1) 보통 수업 끝나고 뭐 해요? (집 앞 커피숍에 가다 – 친구를 만나다)
2) 학생들이 보통 어디에서 밥을 먹어요? (학생 식당에서 먹다 – 편의점에서 사 먹다)
3) 우리 반 학생들은 쉬는 시간에 뭐 해요? (서로 이야기하다 – 휴대폰을 보다)
4) 동아리 모임이 끝나고 보통 뭐 해요? (밥을 같이 먹다 – 노래방에 가서 노래를 부르다)
5) 언제 고향이 그리워요? (몸이 아프다 – 가족사진을 보다)
6) 언제 수업에 집중하기가 힘들어요? (아침을 안 먹었다 – 밤에 잠을 잘 못 잤다)

2. 다음과 같이 대화해 봅시다.

> 가: 어떤 때 스트레스를 받아요?
> 나: 저는 갑자기 계획이 바뀐다든가 생각하지 못한 일이 생긴다든가 할 때 스트레스를 받아요.
> 가: 계획적으로 일하는 걸 좋아하나 봐요.
> 나: 네, 정해진 계획을 지켜야 시간을 잘 관리할 수 있잖아요.
> ⋮

어떤 때 스트레스를 받아요?

어떤 때 스트레스가 풀려요?

어떤 때 학교에 가고 싶지 않아요?

어떤 때 행복을 느껴요?

어떤 때 짜증이 나요?

어떤 때 사진이 잘 나와요?

3. 다음 내용에 대해서 예를 들어서 이야기해 봅시다.

고향에서 생일 때 하던 일

친구들과 노래방에 간다.

공공장소에서 다른 사람에게 피해를 주는 행동

큰 소리로 전화한다.

복권에 당첨되면 하고 싶은 일

세계 여행을 한다.

수료식 날 우리 반 친구들과 함께 하고 싶은 일

재미있는 사진을 찍는다.

미래에 필요하다고 생각하는 로봇의 기능

어디든지 데려다준다.

말하기

- 여러분은 과학 기술 발전에 대한 의견을 어떻게 말합니까?

- 다음 표현을 사용해서 말해 봅시다.

사용할 수 있는 상황	표현
출처 제시하며 정보 전할 때	에서 봤는데 -ㄴ대요/는대요/대요
걱정 표현할 때	이렇게 -(으)면 -(으)ㄹ 것 같아요
반박할 때	아무리 -더라도 한계가 있을 거라고 봐요
예를 들어 설명할 때	-ㄴ다든가/는다든가/다든가 -ㄴ다든가/는다든가/다든가 하는 일은 ~이/가 할 수 없어요
확인할 때	그러니까 ㅇㅇ 씨 말은 -ㄴ다는/는다는/다는 거지요?

가

__에서 봤는데 __ㄴ대요/는대요/대요.
(어제 뉴스 - 미국에는 로봇이 약을 지어 주는 약국이 꽤 많다)

이렇게 __(으)면 __(으)ㄹ 것 같아요.
(과학 기술이 발전하다 - 사람이 할 일이 차츰 없어지다)

나

→ 아무리 __더라도 한계가 있을 거라고 봐요.
(과학 기술이 발전하다)

↓ -ㄴ다든가/는다든가/다든가 -ㄴ다든가/는다든가/다든가 하는 일은 ~이/가 할 수 없어요.
(환자하고 상담하다 - 환자의 상태를 확인하다 - 로봇 약사)

가

← 그러니까 ㅇㅇ 씨 말은 __ㄴ다는/는다는/다는 거지요?
(과학 기술이 발전해도 기계가 인간의 일을 다 할 수는 없다)

- 다음 대화를 들어 봅시다. 15-1

장핑 어제 뉴스에서 봤는데 미국에는 로봇이 약을 지어 주는 약국이 꽤 많대요.
투이 저도 봤어요. 실수 없이 신속하게 약을 짓다니 정말 놀랍던데요.
장핑 그런데 저는 걱정도 돼요. 이렇게 과학 기술이 발전하면 사람이 할 일이 차츰 없어질 것 같아요.
투이 글쎄요, 저는 아무리 과학 기술이 발전하더라도 한계가 있을 거라고 봐요.
장핑 왜요? 요즘은 기계가 못 하는 게 없잖아요.
투이 없기는요. 환자하고 상담한다든가 환자의 상태를 확인한다든가 하는 일은 로봇 약사가 할 수 없어요.
장핑 그러니까 투이 씨 말은 과학 기술이 발전해도 기계가 인간의 일을 다 할 수는 없다는 거지요?
투이 네, 기계는 인간이 더 편리하게 살 수 있도록 도와주는 도구니까요.

1. 확인해 봅시다.

1) 두 사람은 어제 무슨 뉴스를 봤습니까?

2) 장핑은 뉴스를 보고 무슨 걱정을 했습니까?

3) 투이는 미래의 과학 기술 발전에 대해 어떻게 생각합니까?

2. 대화를 바꿔 말해 봅시다.

미국에는 로봇이 약을 지어 주는 약국이 꽤 많다	실수 없이 신속하게 약을 짓다	사람이 할 일이 차츰 없어지다	환자하고 상담하다 – 환자의 상태를 확인하다 – 로봇 약사가 할 수 없다
인공 지능 컴퓨터가 세계 최고의 게이머를 이겼다	컴퓨터가 대단한 게임 실력을 보이다	컴퓨터가 사람을 지배하게 되다	로봇을 개발하다 – 관리하다 – 인공 지능 컴퓨터가 할 수 없다
자율 주행 자동차가 주목받고 있다	스스로 목적지를 잘 찾아가다	사람의 사고력이 떨어지고 역할도 줄어들다	도로 주변 상황을 살피다 – 사고에 대처하다 – 자율 주행 자동차가 할 수 없다

말하기 활동

● 여러분이 원하는 미래의 모습에 대해서 이야기해 봅시다.

활동 방법

1) 아래의 5개 모습이 그려진 종이에서 자신이 원하는 것을 찾아 스티커를 붙여 봅시다.
2) 같은 것을 선택한 사람들을 만나서 그것의 장점에 대해서 이야기를 나눠 봅시다.
3) 다른 것을 선택한 사람을 만나서 서로의 생각을 나눠 봅시다.

1. 아래의 내용 중에서 미래에 가능해졌으면 좋겠다고 생각하는 것을 고르십시오.

우주여행

투명 인간

순간 이동

냉동 인간

복제 인간

- 순간적으로 공간을 이동할 수 있다.
- 나와 똑같은 사람을 여러 명 만들 수 있다.
- 우주를 자유롭게 여행할 수 있다.
- 투명 인간이 되어 남들에게 보이지 않을 수 있다.
- 냉동 인간이 되어 먼 미래에 다시 깨어날 수 있다.

2. 같은 것을 선택한 사람들과 다음의 내용에 대해 이야기해 봅시다.

- 왜 그 내용을 선택했어요?
- 언제 그것이 필요할 것 같아요?
- 그렇게 할 수 있다면 하고 싶은 일이 있어요?
- 그것을 잘 사용하면 사람에게 어떤 혜택이 있을까요?

저는 순간적으로 공간을 이동할 수 있었으면 좋겠어요. 집에 가기 귀찮다든가…

3. 다른 것을 선택한 사람들과 다음의 내용에 대해 이야기해 봅시다.

아무리 기술이 발전하더라도 나와 똑같은 사람을 여러 명 만드는 것은 옳지 않은 것 같아요. 왜냐하면…

- 왜 그 내용을 선택했어요?
- 그것이 정말 가능할까요?
- 그것으로 인해 생기는 문제는 없을까요?

듣고 말하기

준비해 봅시다.

- 여러분이 알고 있는 과학 상식에는 무엇이 있습니까?
- 다음의 내용에 대해 여러분은 어떻게 생각합니까?

전자 제품에서 나오는 전자파를 식물이 막아 줄 수 있다.	전자레인지로 음식을 데우면 음식의 영양소가 파괴된다.	식물을 보면서 좋은 말을 해 주면 더 예쁘게 잘 자란다.

들어 봅시다 1

- 다음 대화를 들어 봅시다. 15-2

1. 무엇에 대한 내용입니까?

2. 남자는 왜 선인장을 샀습니까?

3. 여자가 말한 내용으로 맞는 것에 모두 ✓ 표시를 하십시오.

   □ 선인장이 있어도 전자파를 막을 수 없다.
   □ 전자파는 우리 몸에 안 좋은 영향을 준다.
   □ 휴대폰이나 컴퓨터에서 전자파가 나오지 않는다.
   □ 휴대폰에 전자파 차단 스티커를 붙일 필요가 없다.

4. 여자는 텔레비전에 나온 과학 정보에 대해 어떻게 생각합니까?

새 단어

상식 전자파 데우다 영양소 파괴되다 장식 차단하다 선인장 차단 불안증

들어 봅시다 2

● 다음 라디오 방송을 들어 봅시다. 15-3

1. 무엇에 대한 내용입니까?

① 생활 속의 과학 지식 ② 전자레인지의 위험성 ③ 식물을 키울 때 주의할 점

2. 빈칸에 들은 내용을 정리하십시오.

전자레인지에서 요리한 음식	가스레인지에서 요리한 음식
음식의 온도가 100도 이상으로 올라가지 않아서 ____________ ㄴ다/는다.	____________(으)면 더 위험할 수 있다.

3. 교수가 말한 내용으로 맞는 것에 모두 ✓ 표시를 하십시오.

□ 식물은 여러 언어를 이해할 수 있다.
□ 식물은 전 세계에 수많은 종류가 있다.
□ 식물의 성장은 사람의 말에 영향을 받지 않는다.

4. 다음을 듣고 억양에 주의하면서 따라 해 봅시다. 15-4

1) 정말로 식물이 전자파를 막아 준다면 전기도 안 통할걸.
2) 이 책은 우리가 읽기에는 조금 어려울걸.
3) 서두르지 않으면 늦을걸요.
4) 지금은 사무실 문을 닫았을걸요.

새 단어

참여　선입견　뇌　알아듣다　전　성장　위험성

말해 봅시다

● 다음 내용을 읽고 여러분의 생각을 이야기해 봅시다.

커피는 건강에 나쁜 영향을 끼친다.

감기에 걸리는 것은 날씨의 영향을 받는다.

차가운 물을 마시면 체온이 낮아진다.

혈액형은 성격과 관계가 있다.

사람은 평생 동안 뇌의 10%만 사용한다.

문법 3 -(으)ㄹ 뿐이다

1. 다시 들어 봅시다. 15-5

그렇게 생각하는 분들이 많지요. 그런데 이것은 우리의 **선입견일 뿐입니다.**

2. 다음과 같이 말해 봅시다.

1) **가:** 시험 잘 봤네요. 수업 끝나고 따로 공부를 많이 하나 봐요.
   나: 아니에요. 매일 숙제만 할 뿐이에요.
2) **가:** 아까 인사하는 거 보니까 저 사람하고 잘 아는 사이인가 봐요.
   나: 잘 몰라요. 그냥 같은 기숙사에 살아서 ____________________.
3) **가:** 안색이 안 좋은데 어디 아파요?
   나: 아니에요. 잠을 못 자서 조금 ____________________.
4) **가:** 제주도에 대해서 아는 게 많네요. 가 봤어요?
   나: 가 본 적은 없어요. 전에 ____________________.
5) **가:** 한국어 발음이 정말 좋아졌는데 비결이 뭐예요?
   나: ____________________.
6) **가:** 어제 같이 가던 사람 혹시 여자 친구예요?
   나: ____________________.

3. 아래 사람들에게 다음과 같이 인터뷰해 봅시다.

- 외국인 말하기 대회에서 1등을 한 유학생
- 올림픽 수영에서 금메달을 딴 선수
- 매출 1위를 차지한 화장품 매장의 직원
- 영화제에서 최우수상을 받은 배우

가: 먼저 외국인 말하기 대회에서 1등 하신 것 축하드립니다.
나: 감사합니다. 부족한 실력인데 좋은 결과가 나와서 기쁠 뿐입니다.
가: 아까 보니까 실력이 대단하시던데 이번 말하기 대회를 어떻게 준비하셨나요?
나: 특별한 건 없어요. 긴장하지 않기 위해 매일 거울을 보면서 연습했을 뿐입니다.
⋮

문법 4 (이)란 ~을/를 말한다

1. 다음 문장을 읽어 봅시다.

'첨단 과학'**이란** 전통적인 과학과 구별되는 새로운 기능을 가진 최신 과학**을 말한다**. '첨'은 '뾰족하다'라는 뜻이고 '단'은 '끝'이라는 뜻이다. 따라서 '첨단'이라고 하면 시대나 유행의 가장 앞이라는 뜻이 된다.

2. 다음과 같이 말해 봅시다.

속담　　기행문　　전자파　　가상 현실　　사물놀이　　SNS

1) 옛날부터 전해 오면서 교훈을 주는 짧은 표현
→ 속담이란 옛날부터 전해 오면서 교훈을 주는 짧은 표현을 말합니다.
2) 전기가 흐르면서 만들어지는 전자 에너지
3) 관심 분야가 같은 사람들을 연결해 주는 온라인 서비스
4) 특별한 상황을 컴퓨터로 만들어서 실제처럼 보이게 만든 것
5) 꽹과리, 장구, 징, 북의 네 가지 한국 전통 악기로 연주하는 음악
6) 여행하면서 보고 듣고 느끼고 경험한 것을 쓴 글

3. 아래 내용에 대해서 다음과 같이 뜻을 설명하는 메모를 써 봅시다.

케이팝 (K-pop)　　미세 플라스틱　　반려동물　　빛 공해

보기
케이팝(K-pop)이란 한국이 아닌 나라에서 인기가 있는 한국의 대중음악을 말한다. 여기에서 K는 한국(Korea)이라는 뜻이다.

읽고 말하기

준비해 봅시다.

- 과학 기술의 발전으로 인해 무엇이 달라졌습니까?
- 과학 기술은 우리 생활의 어떤 분야에서 이용되고 있습니까?

읽어 봅시다 1

다음 글을 읽어 봅시다.

'첨단 과학'이란 전통적인 과학과 구별되는 새로운 기능을 가진 최신 과학을 말한다. '첨'은 '뾰족하다'라는 뜻이고 '단'은 '끝'이라는 뜻이다. 따라서 '첨단'이라고 하면 시대나 유행의 가장 앞이라는 뜻이 된다. 이 첨단 과학을 이용한 기술은 우리 생활의 중요한 부분으로 다양한 분야에서 우리에게 영향을 끼치고 있다.

첨단 과학이 우리 생활에 사용된 예 중의 하나는 전신 수영복이다. 수영할 때 물속에서 빠르게 앞으로 나아가려면 피부가 물 때문에 받는 방해를 최소화해야 한다. 상어는 바다에서 시속 50km 이상으로 헤엄칠 수 있는데, 이렇게 물속에서 빠르게 나아갈 수 있는 것은 특별한 모양을 한 상어의 피부 덕분이다. 이러한 상어의 피부를 모방해서 수영할 때 속도를 높여 줄 수 있는 전신 수영복을 만든다. 이 수영복은 물이 선수의 몸을 따라 미끄러지듯이 흐르도록 도와주기 때문에 수영 중에 물로 인한 방해가 줄어든다. 그래서 이것을 입고 수영하면 놀라울 정도로 속도가 빨라진다. 실제로 이 수영복을 입은 선수들은 "몸이 로켓처럼 빨라지는 느낌이었다."라고 하면서 놀라움을 표현했다고 한다.

이 밖에도 우리가 매일 사용하는 스마트폰과 교통 카드 역시 수많은 첨단 기술을 이용해서 만든 것들이다. 또한 질병을 치료하기 위한 약품 개발, 환경에 해를 끼치지 않는 에너지 개발, 게다가 문화 예술까지 첨단 과학의 혜택을 입지 않은 분야가 없다. 첨단 과학과 우리의 생활은 이제 떼려야 뗄 수 없는 관계가 된 것이다.

1. 무엇에 대한 내용입니까?

2. 각 단락의 중심 내용을 쓰십시오.

단락	중심 내용
1단락	
2단락	
3단락	

3. 전신 수영복에 대한 내용으로 맞는 것에 모두 ✓ 표시를 하십시오.

- □ 아직까지 사용된 적이 없다.
- □ 상어의 피부와 비슷하게 만든다.
- □ 물속에서 미끄러지는 것을 막아 준다.
- □ 수영 속도를 높이는 데 도움이 된다.

새 단어

전통적	구별되다	뾰족하다	전신	물속	나아가다	최소화하다	상어
시속	km(킬로미터)	헤엄치다	모방하다	로켓	놀라움	약품	

읽어 봅시다 2

● 다음 안내문을 읽어 봅시다.

제9회 서울과학축제

과학과 문화가 만나는 상상력과 창의력의 공간, 그 속에서 첨단 과학 기술을 체험해 보세요!

일시: 2월 16일~2월 19일
장소: 세종 문화 회관, 광화문 광장, 서울 광장
주최: 서울특별시

| 프로그램 |

- 체험 행사(세종 문화 회관)
  인공 지능 로봇, 3D 프린터, 가상 현실 체험
- 야외 행사(광화문 광장)
  자율 주행 자동차 체험, 미래 식량 시식
- 무대 공연(서울 광장)
  과학 마술 공연, 온라인 게임 뮤지컬

1. 무엇에 대한 안내문입니까?

2. 이 행사는 언제, 어디에서 합니까?

언제	
어디에서	

3. 다음은 이 행사를 소개하는 신문 기사입니다. (   )에 알맞은 말을 쓰십시오.

서울과학축제, 다음 주부터

서울특별시가 이번 달 16일부터 19일까지 4일 동안 세종 문화 회관 등 3개 장소에서 제9회 서울과학축제를 연다. 과학과 (㉠)의 만남을 통해 상상력과 창의력을 키우고 (㉡)을 체험하는 것을 목적으로 하는 이번 축제는 16일 저녁, 서울 광장의 과학 마술 공연으로 시작된다. 세종 문화 회관에서는 여러 가지 (㉢)가 열린다. 실내 행사장에서 인공 지능 로봇과 3D 프린터를 직접 이용해 볼 수 있고, 롤러코스터를 실제처럼 체험할 수 있는 가상 현실 체험 프로그램도 있다. 바로 앞의 (㉣)에서는 야외 행사가 열린다. 최근 주목받는 자율 주행 자동차를 타 볼 수 있으며 (㉤)으로 개발된 다양한 식품을 시식해 볼 수도 있다. 서울 광장에는 무대 공연들이 준비되어 있다. 과학 마술 공연과 온라인 게임의 주인공들이 출연하는 뮤지컬을 관람할 수 있다.

유승호 과학 전문 기자
ysho@bugak.co.kr

㉠: ______________ ㉡: ______________ ㉢: ______________

㉣: ______________ ㉤: ______________

새 단어

창의력 주최 서울특별시 3D 프린터 시식 실내 행사장 롤러코스터
개발되다 시식하다 준비되다

말해 봅시다

다음 안내문을 보고 어디에 가면 좋을지 친구와 이야기해 봅시다.

1. 아래의 축제는 어떤 분야에 관심이 있는 사람이 참여하는 것이 좋을지 이야기해 보십시오.

제5회 과학예술전

그림 속의 과학

아름다운 그림 속에 숨은 신기한 과학의 세계와 만나 보세요!

- 일시 7월 30일~8월 1일
- 장소 과학문화센터

| 프로그램 |

- **붓을 든 로봇**
  로봇 화가의 그림 전시
- **그림 속으로 떠나는 여행**
  첨단 기술로 실감 나게 보여 주는 그림 속 세계
- **특별 강연(8월 1일)**
  명화 속의 과학: 미술관의 비밀을 찾아라!

제22회 한국과학여행

재미있는 놀이와 함께 첨단 과학을 즐겨 보세요!

- 일시 7월 31일~8월 3일
- 장소 서울문화전시관

| 프로그램 |

- **가상 현실 놀이터**
  투명 인간 되기
  우주여행하기
- **인공 지능과의 만남**
  로봇과 바둑 두기
  컴퓨터가 알려 주는 나의 미래

2. 여러분은 어떤 축제에 참여하고 싶습니까? 축제에 같이 갈 친구를 찾아보십시오.

16

추억과 그리움

옷은 새 옷이 좋고 사람은 옛 사람이 좋다

어휘·표현

사람의 특성 및 성격 관련 어휘, -거리다

말하기

문법 -았던/었던 것 같다

조차, -기조차

추억 말하기

말하기 활동

어린 시절 추억 말하기

듣고 말하기

고등학교 때의 추억에 대한 라디오 사연 듣기

고등학교 동창들의 대화 듣기

문법 -는/(으)ㄴ 척하다

읽고 쓰기

그리운 유학 생활에 대한 수필 읽기

문법 -던 때가 엊그제 같은데

16과 추억과 그리움

준비

- 한국에 와서 기억에 남는 추억이 있습니까? 무엇입니까?

- 잊을 수 없는 사람이 있습니까? 왜 그 사람을 잊을 수 없습니까?

어휘·표현

1. 사람의 특성을 나타내는 어휘를 알아봅시다.

울보	겁쟁이	모범생	문제아	애어른	멋쟁이
고집쟁이	욕심쟁이	공붓벌레	새침네기	심꾸러기	장난꾸러기

- 우리 반 친구들은 어렸을 때 어떤 아이였을 것 같습니까?
- 여러분은 어떤 아이였습니까?

2. 성격을 나타내는 표현을 알아봅시다.

용감하다	순수하다	덜렁대다	엉뚱하다
겁이 많다	정이 많다	변덕스럽다	수줍음을 타다

1) 제 친구는 아이처럼 깨끗하고 ________________ 는/(으)ㄴ 마음을 가지고 있어요.
2) 제 동생은 무서워서 밤에 혼자 화장실에도 못 갈 정도로 ________________ 아요/어요.
3) 제 남자 친구는 남들이 잘 하지 않는 ________________ 는/(으)ㄴ 행동을 해서 당황스러워요.
4) 어제 길음역에서 승강장 아래로 아이가 떨어졌는데 한 남자가 ________________ 게 구했대요.
5) 투이 씨가 친구들을 도와주고 챙기는 모습을 보면 참 ________________ 는/(으)ㄴ 것 같아요.
6) 저는 어렸을 때 남들 앞에서 말을 하면 얼굴이 빨개질 정도로 ________________ 았어요/었어요.
7) 서두르다가 숙제도 집에 놓고 오고 커피도 옷에 쏟았어요. 저는 왜 이렇게 ________________ (으)ㄹ까요?
8) 그 영화가 보고 싶다고 해서 예매했는데 지금 다른 영화를 보자고 하면 어떻게 해요?
   너무 ________________ 는/(으)ㄴ 거 아니에요?

- 여러분의 성격은 어떻습니까?

3. '-거리다'가 사용된 어휘를 알아봅시다.

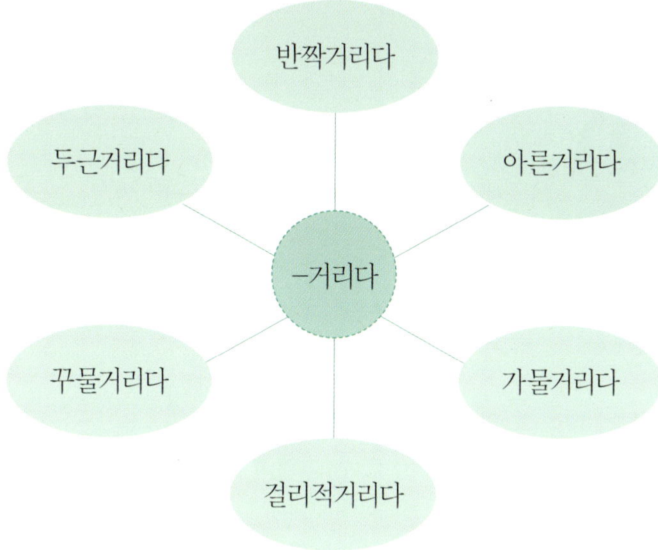

지난번에 먹었던 그 음식 이름이 뭐였지? 카리, 카린, 모르겠네. 참 맛있었는데.

약속 시간이 30분밖에 안 남았는데 지금 화장을 하고 있어? 이러다가 늦겠어. 서둘러.

크리스마스가 되니까 거리에 있는 나무에 전구가 달려서 아름답게 빛이 나더라고요.

시계를 찬 채로 운동을 했더니 운동하는 데 방해가 됐어요.

내일이 합격자 발표 날이에요. 떨어질까 봐 걱정이 돼서 밥도 못 먹겠어요.

그 원피스 살 걸 그랬어요. 하루 종일 생각이 나네요.

- 아른거리는 사람이나 물건이 있습니까? 왜 아른거립니까?
- 두근거렸던 일이 있습니까? 그 일은 좋은 추억입니까? 나쁜 추억입니까?
- 우리 반 친구들은 무엇을 할 때 눈빛이 반짝거립니까?
- 여러분의 친구가 꾸물거려서 생긴 안 좋았던 기억이 있습니까? 어떤 일이었습니까?

문법 1 -았던/었던 것 같다

저 사람 알아요? 왜 그렇게 봐요?

어디에서 봤던 것 같아서요.

1. 다음과 같이 말해 봅시다.

> 가: 동창회에 바트 씨도 왔어요?
>
> 나: 기억이 잘 안 나는데 왔던 것 같아요.

1) 동창회에 바트 씨도 왔어요? (오다)
2) 지훈 씨랑 중학교 동창이라면서요? 그때 지훈 씨가 어땠어요? (조금 엉뚱하다)
3) 오랜만에 오니까 잘 모르겠네요. 전에 가던 식당이 어디였어요? (여기이다)
4) 이 문법 3급 때 배우지 않았어요?
5) 이리나 씨가 다음 모임에 못 온대요. ○○ 씨한테 그 말을 했나요?
6) 올해 정말 춥네요. 작년에도 이렇게 추웠어요?

2. 다음과 같이 대화해 봅시다.

> 가: 한국에 와서 처음 먹은 음식이 뭐였어요?
>
> 나: 기억이 가물거리는데 아마 라면이었던 것 같아요.
>
> 가: 어디에서 먹었는데요? 맛있었어요?
>
> 나: 공항에서 먹었는데 맛은 별로였던 것 같아요.
>
> ⋮

한국에 와서 처음 먹은 음식이 뭐였어요?

1급 때 문화 체험 어디에 갔어요?

처음 이야기한 한국 사람 기억나요?

초등학교 1학년 때 선생님이 어떤 분이셨어요?

몇 살 때 처음 영화관에 갔어요?

처음으로 부모님께 드린 선물이 뭐였어요?

3. 여러분은 친구들의 예전 모습을 기억하고 있습니까? 우리 반 학생들이 어땠는지 예전의 기억을 떠올려서 이야기해 봅시다.

누구예요?	언제 만났어요?	어땠어요?
○○ 씨	2급 때	자주 지각했던 것 같아요

○○ 씨를 처음 만났을 때 어땠어요?

○○ 씨와 2급 때 처음 만났는데…

문법 2 조차, -기조차

요즘도 많이 바빠요?

네, 너무 바빠서 밥 먹을 시간조차 없어요.

1. 다음과 같이 말해 봅시다.

> **가:** 방 친구들이랑 친해졌어요?
> **나:** 인사도 제대로 안 해서 이름조차 몰라요.

1) 방 친구들이랑 친해졌어요? (인사도 제대로 안 하다 – 이름 – 모르다)
2) 자기소개서는 잘 쓰고 있어요? (어떻게 쓸지 모르다 – 시작 – 못 하다)
3) 제프리 씨랑 싸웠다면서요? 왜 싸웠어요? (너무 화가 나다 – 생각하다 – 싫다)
4) 오늘은 공기가 어때요? (미세 먼지가 심하다 – 숨 쉬다 – 힘들다)
5) 이사하느라고 힘들었겠어요. (일을 너무 많이 하다 – 서 있다 – 힘들다)
6) 이번에 들어간 회사 어때요? (할 일이 많다 – 주말에 – 쉴 수 없다)

2. 다음과 같이 대화해 봅시다.

> **가:** 왜 화장한 채로 잤어?
> **나:** 너무 피곤해서 화장을 지우기조차 힘들었거든.
> **가:** 요즘 무슨 일 있어?
> **나:** 회사에서 새 프로젝트를 계획 중이어서 일주일 동안 야근하고 있어.
> ⋮

왜 화장한 채로 잤어?

감기가 심하다고 하더니 뭐 좀 먹었어요?

다리를 많이 다친 것 같던데 괜찮아요?

남자 친구/여자 친구가 승진해서 많이 바쁘다고 하더니 요즘 데이트는 해요?

중국어를 배운다면서요?
중국 사람이랑 대화할 수 있어요?

왜 이렇게 침대에서 꾸물거리고 있어?
빨리 학교 가야지.

3. 다음과 같은 경험에 대해서 이야기해 봅시다.

너무 뜻밖이어서
상상도 못 했던 일

너무 화가 나서
생각도 하기 싫은 일

너무 슬퍼서
눈물도 나지 않았던 일

너무 아파서 물도 마시지
못했던 경험

너무 바빠서 밥 먹을 시간도
없었던 경험

너무 뜻밖이어서 상상도
못 했던 적이 있어요?

네, 작년 생일에
남자 친구가 저에게…

말하기

- 여러분은 추억을 표현할 때 어떻게 말합니까?
- 다음 표현을 사용해서 말해 봅시다.

사용할 수 있는 상황	표현
추억 표현할 때	-았던/었던 것 같아요
한계 표현할 때	조차 -아요/어요
맞장구칠 때	그러니까요
추억 공유할 때	-잖아요, -고요
강조할 때	그때 얼마나 -는지/(으)ㄴ지 몰라요

가 | 나

__았던/었던 것 같아요.
(그때는 아무것도 모르다)

__조차 __아요/어요.
(식당에서 하는 간단한 주문 - 힘들었다)

→ 그러니까요.

__잖아요. __고요.
(알렉세이 씨는 우리 반 모범생이었다 / 수료식에서 1급 대표로 상도 받다)

← 그때 얼마나 __는지/(으)ㄴ지 몰라요.
(떨렸다)

- 다음 대화를 들어 봅시다. 16-1

알렉세이	마키 씨, 오늘 볼일이 있다고 하더니 어떻게 왔어요?
마키	아무리 바쁘더라도 알렉세이 씨 송별회에는 와야지요.
알렉세이	바쁜데도 와 줘서 고마워요. 마키 씨가 안 왔으면 섭섭했을 거예요.
마키	그렇게 생각할 것 같아서 왔어요.
알렉세이	역시 마키 씨예요. 마키 씨를 보니까 같이 공부하던 1급 때 생각이 많이 나네요. 그때는 아무것도 몰랐던 것 같아요. 식당에서 하는 간단한 주문조차 힘들었어요.
마키	그러니까요. 그때 추억이 떠오르네요. 알렉세이 씨는 우리 반 모범생이었잖아요. 수료식에서 1급 대표로 상도 받고요.
알렉세이	마키 씨가 말하니까 생각이 나네요. 그때 얼마나 떨렸는지 몰라요. 그런데 1급 때 선생님 성함이 뭐였지요?
마키	안경 쓰고 마르셨던 선생님! 박, 박, 아휴, 이름은 기억나지 않고 박 선생님인 것만 생각나네요.
알렉세이	마키 씨도 기억이 가물거리나 봐요. 그래도 이렇게 이야기하다 보니까 참 소중한 추억들이네요.

1. 확인해 봅시다.

1) 알렉세이와 마키는 왜 만났습니까?

2) 알렉세이는 1급 때 어떤 학생이었습니까?

3) 지금 알렉세이와 마키의 기분은 어떨 것 같습니까?

2. 대화를 바꿔 말해 봅시다.

1급	아무것도 모르다	식당에서 하는 간단한 주문 – 힘들었다	모범생 / 수료식에서 1급 대표로 상도 받다	떨렸다
2급	단어하고 문법이 갑자기 어려워지다	그날 배운 문법 – 돌아서면 잊어버렸다	울보 / 수료식 날 친구들과 헤어진다고 엉엉 울다	섭섭했다
3급	진로 문제로 고민이 많다	수업 시간에 – 딴생각을 했다	공붓벌레 / 시험 준비하느라고 잠도 안 자다	힘들었다

말하기 활동

● 어린 시절 추억을 말해 봅시다.

1. 어렸을 때 사진을 보고 추억을 떠올리면서 발표할 내용을 정리해 봅시다.

2. 정리한 내용을 친구들 앞에서 발표해 봅시다.

3. 친구의 발표를 듣고 말해 봅시다.

누구의 이야기가 재미있었습니까?	
어렸을 때와 지금을 비교하면 누가 많이 변했습니까?	
누구의 성격이나 경험이 나와 비슷합니까?	

듣고 말하기

- 준비해 봅시다.
  - 여러분은 어렸을 때 사귄 친구와 계속 연락을 하고 있습니까?
  - 연락이 끊어진 친구가 있습니까? 왜 연락이 끊어졌습니까?

들어 봅시다 1

- 다음 라디오 방송을 들어 봅시다. 16-2

1. 이 사연은 무엇에 대한 내용입니까?
2. 사연을 보낸 사람은 어떤 일 때문에 고등학교 때 친구가 생각났습니까?
3. 맞는 것에 모두 ✓ 표시를 하십시오.

☐ 사연을 보낸 사람은 '추억의 음악 카페'에 자주 글을 쓴다.
☐ 사연을 보낸 사람과 친구는 고등학교 때 항상 같이 다녔다.
☐ 사연을 보낸 사람과 친구는 결혼을 한 후 연락이 끊어졌다.
☐ 사연을 보낸 사람과 친구는 지금 서로를 보고 싶어 한다.

새 단어

사연	정릉동	우연히	수북이	입시	단짝	등굣길	하도	시집가다
놀리다	그리워지다	신청곡	친자매	옛	무척			

들어 봅시다 2

- 다음 대화를 들어 봅시다. 16-3

1. 두 사람은 어떻게 다시 만나게 되었습니까?

2. 이지수는 무슨 일을 하고 있습니까?

3. 김영미는 고등학교 때 선생님을 좋아해서 어떤 행동을 했습니까?

4. 맞는 것에 모두 ✓ 표시를 하십시오.

- □ 이지수는 자신이 좋아하는 분야의 일을 하고 있다.
- □ 김영미는 남자 친구와 일찍 결혼했다.
- □ 박정우 선생님은 예전과 달라진 것이 없다.
- □ 이지수는 옛 친구를 만나서 기쁘다.

5. 다음을 듣고 발음에 주의하면서 따라 해 봅시다. 16-4

1) 둘이 이야기를 시작하면 밤새도록 끝이 없었어요.
[끄치]

2) 신청곡은 같이 자주 듣던 노래, 은아의 '사랑해요' 부탁드립니다.
[가치]

3) 친구하고 해돋이를 보러 속초에 다녀왔어요.
[해도지]

4) 시간도 없는데 굳이 영화를 봐야겠어요?
[구지]

새 단어

저기　맨날　세상일　첫사랑　몰래　올려놓다　세월　잠기다

말해 봅시다

● 여러분은 학창 시절에 기억에 남는 사람이 있습니까? 그 사람과의 추억을 이야기해 봅시다.

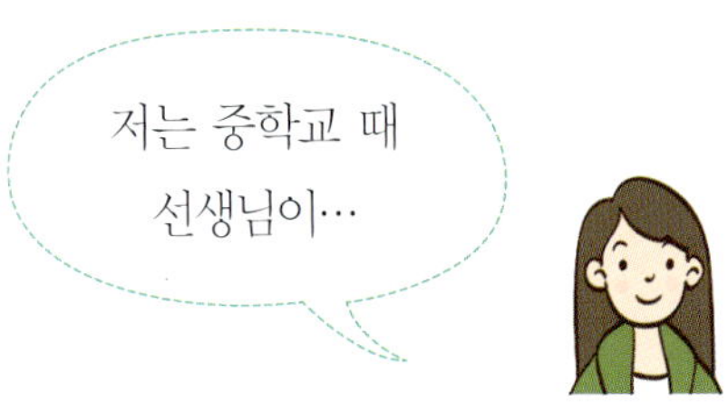

문법 3 -는/(으)ㄴ 척하다

1. 다시 들어 봅시다. 16-5

이지수 어머, 선생님께 인사드렸어?
김영미 아니, 인사드리기가 어색해서 그냥 **못 본 척했어.**

2. 다음과 같이 말해 봅시다.

1) **가:** 아까 회의 때 민호 씨가 영어로 발표한 내용 잘 이해했어요? (이해하다)
나: 아니요, 못 알아들은 게 많았는데 그냥 이해하는 척했어요.
2) **가:** 오늘 동창회라고 하더니 왜 안 갔어요? (일이 많다)
나: 별로 가고 싶지 않아서 ______________________.
3) **가:** 집에 소설책이 많았던 것 같은데 왜 없다고 했어요? (책이 없다)
나: 들고 오기가 귀찮아서 ______________________.
4) **가:** 친구들이 깜짝 생일 파티를 해 줬다면서요? 정말 몰랐어요? (아무것도 모르다)
나: 알고 있었는데 친구들이 실망할까 봐 ______________________.
5) **가:** 제프리 씨가 부장님한테 또 혼났다고 하는데 들었어요? (못 들었다)
나: 듣긴 했는데 제프리 씨가 창피할까 봐 ______________________.
6) **가:** 그 공연은 이 학교 학생들만 관람할 수 있다고 했는데 어떻게 봤어요? (이 학교 학생이다)
나: 학생증 검사를 안 하길래 ______________________.

3. 아래 상황을 보고 다음과 같이 대화해 봅시다.

- 세수도 안 하고 집 근처 마트에 갔는데 전 남자 친구를 만났다.
- 사람이 많은 버스 정류장 앞에서 넘어졌다.
- 친구 집에 갔는데 친구 어머니가 만들어 주신 음식이 맛이 없었다.
- 저녁에 약속이 있는데 사장님이 갑자기 회식을 하자고 했다.

가: 어제 세수도 안 하고 집 근처 마트에 갔는데 전에 사귄 남자 친구를 만났어요.
나: 정말요? 그래서 어떻게 했어요?
가: 그 사람이 나를 본 것 같긴 했는데 저는 그냥 못 본 척하고 물건만 골랐어요.
나: 그냥 자연스럽게 인사라도 하지 그랬어요?
⋮

문법 4 -던 때가 엊그제 같은데

1. 다음 문장을 읽어 봅시다.

> 한국에서 **유학하던 때가 엊그제 같은데** 나는 지금 일본에서 유치원 선생님으로 일하고 있다.

2. 다음과 같이 말해 봅시다.

1) **가:** 제가 이번 수료식에서 학생 대표로 인사를 하게 됐어요. (한국말로 인사조차 못 하다)
   나: 정말요? 한국말로 인사조차 못 하던 때가 엊그제 같은데 자랑스럽네요.
2) **가:** 고등학교 졸업한 지 벌써 5년이야. (같이 공부하다)
   나: ______________________ 우리가 벌써 회사원이라니 시간이 참 빠르네.
3) **가:** 예전에 우리 집에서 ______________________ 아들이 많이 컸네요. (뛰어놀다)
   나: 그때가 5년 전인가요? 시간이 참 빨라요.
4) **가:** 다음 주가 되면 4급도 끝나네요. (첫날 친구들에게 제 소개를 했다)
   나: 그러게요. ______________________ 벌써 학기 말이에요.
5) **가:** 저 다음 달에 고향에 돌아가요. (우리가 처음 만났다)
   나: 정말요? ______________________ 시간이 금방 갔네요.
6) **가:** 부장님, 승진을 축하드립니다. (처음 출근했다)
   나: 고맙습니다. ______________________ 여러분들 덕분에 벌써 이 자리에 올랐습니다.

3. 아래 말을 이용해서 다음과 같이 대화해 봅시다.

- 이번 학기가 시작된 지 벌써 9주가 됐네요.
- 한국어를 배운 지 벌써 1년이 됐네요.
- 한국에서 산 지 벌써 3년이 됐네요.
- 이 회사에서 일한 지 벌써 10년이 됐네요.

가: 이번 학기가 시작된 지 벌써 9주가 됐네요.
나: 그러게요. 처음에 어색하게 인사했던 때가 엊그제 같은데…….
가: 처음 만났던 날 기억나요?
나: 그럼요. 그때 ○○ 씨가…
⋮

읽고 쓰기

- 준비해 봅시다.
  - 유학 생활은 여러분의 인생에 어떤 영향을 미쳤습니까?

읽어 봅시다

- 다음 글을 읽어 봅시다.

그리운 유학 생활

다카쿠라 미유키

내 인생에는 추억이 많다. 가족이랑 여행을 간 것도 추억이고 친구들과 이야기를 나눴던 것도 소중한 추억이다. 하지만 내 인생에서 가장 깊이 남아 있는 추억은 바로 한국으로 유학을 간 것이다.

내가 유학을 결심했던 것은 21살 때쯤이었다. 그러나 그때는 생각만 하고 직접 행동하지는 않았다. 하지만 시간이 갈수록 유학을 가고 싶다는 마음은 점점 커졌고 인터넷으로 유학에 대한 정보를 모으는 것은 나의 작은 습관이 되었다. 원래 낯도 많이 가리고 가족과 떨어져 살아 본 적도 없는 내가 유학을 갈 수 있을까 걱정도 했지만 2016년 3월, 나는 드디어 한국으로 유학을 가게 되었다.

솔직하게 말하면 유학 생활의 시작은 그렇게 좋은 것은 아니었다. 아는 사람도 거의 없었고 한국말도 잘 못해서 걱정이 쌓여 갔다. 어디 다니는 것도 혼자서는 못 했고 무엇보다 친구가 없었기 때문에 유학을 시작하고 한동안은 재미가 없었던 것 같다. 그런데 한국어교육센터에서 공부하면서 한국어 실력도 늘고 친구도 많이 생겼다. 매일 외국 친구들과 같이 밥도 먹고 숙제도 하고 바람도 쐬러 여기저기에 다니면서 '난 지금 유학 생활을 하고 있구나.'라고 몸으로 느꼈다.

나는 한국 생활을 통해 소극적인 성격도 많이 바뀌었다고 느낀다. 수줍음이 많아서 처음 만나는 사람에게 말도 걸지 못했던 내가 한국어교육센터에서 만난 외국 사람한테 "어디에서

왔어요?"라고 쉽게 물어볼 수 있게 되었다. 그리고 혼자서 이것저것 용기를 내서 도전해 보려는 마음도 생겼다. 나만 그렇게 느낀 게 아니라 내 가족, 친구들도 그렇다고 할 정도니까 확실히 변한 것 같다. 유학 가기 전에 가지고 있었던 불안감과 걱정은 한국에서의 시간과 함께 사라져 버렸다.

한국에서 유학하던 때가 엊그제 같은데 나는 지금 일본에서 유치원 선생님으로 일하고 있다. 그렇지만 나의 마음속에는 한국에서의 추억이 생생하게 남아 있다. 한국에서 만난 외국 친구들과는 요즘도 연락해서 이런저런 이야기를 나누고 있고 한국에 여행을 가면 그 친구들과 만나서 즐거운 시간을 보내기도 한다.

한국에서의 유학은 우물 안 개구리였던 나에게 많은 변화를 가져다줬다. 나는 전보다 밝아졌고 유학 가기 전까지 가지고 있었던 고정 관념과 편견은 완전히 사라졌다. 일본과 한국은 가까운 거리에 있어서 음식이나 문화 등이 같을 거라고 생각했지만 내가 경험한 한국은 내 생각과 달랐다. 그리고 내가 만난 외국 친구들은 자유로운 생각을 가지고 살아서 내 눈에 멋있어 보였고 한국 유학을 하고 나서 ㉠나의 세상은 더 넓어졌다. 이 경험을 잊지 않고 앞으로도 나의 넓은 세상을 즐겁게 살아가고 싶다.

* 다카쿠라 미유키 씨는 2016년 봄부터 2016년 겨울까지 국민대학교 한국어교육센터에서 한국어를 배웠습니다.

1. 무엇에 대한 내용입니까?

2. 유학 생활 후 글쓴이의 성격은 어떻게 바뀌었습니까?

유학하기 전에는 ____________았는데/었는데 유학한 후에는 ____________(으)로 변했다.

3. ㉠은 무슨 의미입니까?

4. 맞는 것에 모두 ✔ 표시를 하십시오.

☐ 글쓴이는 가족들의 결정에 따라 한국에 유학을 오게 되었다.
☐ 글쓴이는 유학 생활에 처음부터 만족했다.
☐ 글쓴이는 한국 유학 생활을 아주 오래된 일처럼 느낀다.
☐ 글쓴이는 한국 문화와 일본 문화가 다른 점이 많다는 것을 알게 됐다.

새 단어

낯 | 가리다 | 바람을 쐬다 | 소극적 | 불안감 | 생생하다 | 이런저런 | 가져다주다 | 고정 관념

써 봅시다

- 손으로 쓴 편지를 받은 적이 있습니까? 편지를 받았을 때 어땠습니까?
- 다음과 같은 편지를 써 본 적이 있습니까?

- 친구들에게 줄 편지를 써서 추억을 만들어 봅시다.

종이에 자신의 이름을 쓰고 예쁘게 꾸미세요.

▼

꾸민 종이를 친구들에게 주세요.

▼

받은 종이에 쓰여 있는 이름을 보고 그 사람에게 해 주고 싶은 말을 쓰세요.

▼

친구들이 써 준 편지를 받아서 읽어 보세요.

▼

읽고 난 후의 느낌을 말해 보세요.

From
Post
10.00.00
Love
Post

쓰기 8 설문 조사 분석 보고서 쓰기

알아봅시다

● 설문 조사에 대해 알아봅시다.

설문 조사: 어떤 문제에 대한 의견이나 생각을 조사하기 위하여 똑같은 질문을 만들어서 사람들에게 질문에 대한 답변을 받는 것.

● 설문지에는 설문에 응답하는 사람의 기본 정보가 들어가야 한다. 예를 들면 성별, 나이 등이다.

보기

	응답자 1	응답자 2	응답자 3	응답자 4	응답자 5
성별					
국적					
나이					

● 설문 조사를 하기 위해서는 주제에 맞는 질문으로 설문지를 만들어야 한다. 주제와 관련한 질문을 만드는 방법은 다음과 같다.

- 쉽고 일반적인 질문에서 구체적인 질문으로 만든다.
- 한 질문에 하나의 내용만 물어본다.
- 비슷한 질문을 두 번 하지 않는다.
- 알고 싶은 내용만 물어본다.
- 대답하는 사람의 입장에서 물어본다.
- 대답하기 어려운 질문은 하지 않는다.
- 질문에 대답을 만들 때는 가능한 대답을 모두 만들어 놓는다.

보기

조사 주제	결혼에 대한 생각
질문 1	결혼을 꼭 해야 한다고 생각합니까? ① 그렇다 ② 그렇지 않다 ③ 잘 모르겠다 ④ 기타( )
질문 2	배우자를 고를 때 가장 중요하게 생각하는 것은 무엇입니까? ① 외모 ② 성격 ③ 직업 ④ 재력 ⑤ 기타( )

해 봅시다

설문 조사를 하고 싶은 주제를 생각해 보고 질문을 만들어 봅시다.

주제:

질문 1	① ② ③ ④ ⑤ 기타( )
질문 2	① ② ③ ④ ⑤ 기타( )
질문 3	① ② ③ ④ ⑤ 기타( )
질문 4	① ② ③ ④ ⑤ 기타( )
질문 5	① ② ③ ④ ⑤ 기타( )
질문 6	① ② ③ ④ ⑤ 기타( )
질문 7	① ② ③ ④ ⑤ 기타( )
질문 8	① ② ③ ④ ⑤ 기타( )
질문 9	① ② ③ ④ ⑤ 기타( )
질문 10	① ② ③ ④ ⑤ 기타( )

알아봅시다

- 설문 조사를 한 후 조사한 결과를 정리하여 조사 보고서를 쓰는 방법을 알아봅시다.

조사 보고서: 인터뷰나 설문 조사를 한 후 작성하는 보고서.

- 조사 보고서의 구성

단계	내용
서론	조사 주제, 조사 목적과 대상, 조사 방법
본론	조사 내용(그래프를 설명하며 질문에 대한 응답 정리)
결론	조사 결과 정리, 조사를 통해 알게 된 것 정리

- 조사 보고서의 내용

단계	내용	예
서론	조사 주제	조사 주제는 외국인 학생들의 옷 선택 기준이다.
	조사 목적	조사를 통해 외국인 학생들의 옷 선택 기준에 대해 알아보고자 한다.
	조사 대상	4급 외국인 학생 20명을 대상으로 옷 선택 기준에 대한 설문 조사를 실시하였다.
본론	조사 내용과 결과	**옷을 살 때 무엇을 중요하게 생각합니까?** 옷을 살 때 무엇을 중요하게 생각하는지 물어본 결과, 디자인이 45%로 1위를 차지하였고, 가격이 30%로 2위를 차지하였다. 그 뒤를 이어 브랜드가 25%로 나타났다. 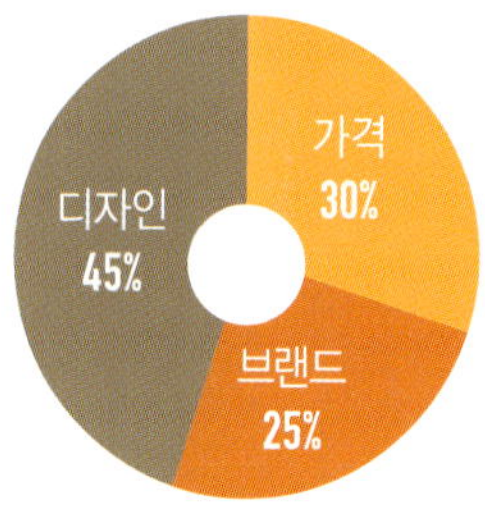 **옷을 살 때 무엇을 중요하게 생각합니까?** 옷을 살 때 무엇을 중요하게 생각하는지에 대해서 조사한 결과, 남자와 여자가 옷을 살 때 중요하게 생각하는 것이 다른 것으로 나타났다. 여자는 디자인이 중요하다고 응답한 학생이 60%로 가장 많은 반면에 남자는 가격이 중요하다고 응답한 학생이 50%로 가장 많았다. 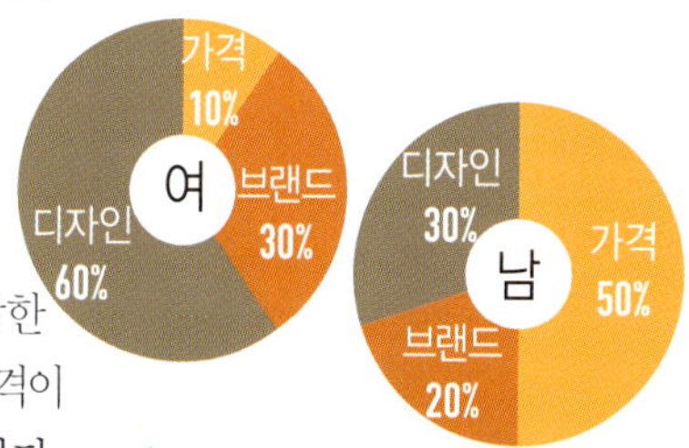
결론	결과 정리	설문 조사를 통해서 알게 된 것을 정리하면 다음과 같다. 첫째, 남자와 여자가 옷을 살 때 가장 중요하게 생각하는 것이 다르다. 둘째, 남자와 여자 모두 브랜드를 중요하게 생각한다.

써 봅시다

- 설문 조사 한 내용을 정리하고 조사 보고서를 써 봅시다.

부록

- 4-2 듣기 대본
- 모범 답안
- mp3 목록

4-2 듣기 대본

9과 문화를 즐기는 삶

1 09-2

투이 바트 씨, 주말에 좋은 일 있었어요? 표정이 밝아 보여요.

바트 주말에 친구가 록 페스티벌을 보러 가자길래 다녀왔어요.

투이 록 페스티벌이 뭐예요?

바트 세계 여러 나라의 가수들이 출연해서 옛날에 유행했던 록 음악이나 자신의 노래를 들려주는 축제예요.

투이 바트 씨는 록 음악을 좋아하니까 재미있었겠네요.

바트 네, 신인 그룹부터 세계적인 그룹까지 모두 참가하니까 다양한 음악을 들어 볼 수 있었어요. 금요일 저녁부터 일요일까지 사흘 동안 시간 가는 줄 모르고 공연에 푹 빠져 있었네요.

투이 3일이나 공연을 했어요? 팬들이 엄청 좋아했겠네요.

바트 그럼요. 가수들의 가창력뿐만 아니라 연주자들의 연주도 훌륭하더라고요. 그리고 야외 공연장이어서 분위기도 자유롭고 밤이 되니까 얼마나 환상적이었는지 몰라요.

투이 진짜 좋았겠어요. 저한테도 말해 주지 그랬어요? 미리 이야기해 줬더라면 저도 갔을 텐데요.

바트 다음에는 꼭 같이 가요. 좋은 공연 있으면 알려 줄게요.

2 09-3

바트 뭘 그렇게 보고 있어요?

투이 좋은 공연이 있는지 검색하고 있어요. 요즘 문화생활을 통 못했거든요.

바트 저도 록 페스티벌을 본 후로 몇 달이 지나도록 공연을 못 봤는데 괜찮은 공연 있으면 같이 봐요.

투이 그럴까요? 근데 뮤지컬이나 연극은 괜찮은 게 없네요. 공연 대신에 영화 '친구와 함께' 보러 갈래요?

바트 '친구와 함께'요? 그 영화를 본 친구들이 다 감동적이라길래 보고 싶었는데 잘됐네요.

투이 그럼 토요일 오전 첫 영화로 봐요.

바트 왜 그렇게 일찍 보려고 해요? 주말인데 천천히 준비해서 오후에 봐요.

투이 첫 영화로 봐야 할인이 되잖아요.

바트 첫 영화는 할인이 된다고요?

투이 몰랐어요? 매일 처음 상영하는 영화를 볼 때는 할인을 받을 수 있어요.

바트 진짜예요? 이런 좋은 정보를 주다니 고마워요.

투이 영화만 그런 게 아니에요. 공연이나 전시회를 부담 없이 즐길 수 있는 방법도 있어요. 오페라나 발레를 보려면 비용이 많이 들잖아요. 그런데 공연 당일에 가면 남은 표를 80% 정도 싸게 살 수 있는 곳도 있대요.

바트 아, 투이 씨 말을 들으니까 저도 선생님 말씀이 생각나네요. 어떤 공연장에서는 매달 연극, 무용, 음악회 등 다양한 공연을 천 원에 관람할 수 있는 행사도 한대요. 문화생활을 하려면 돈이 많이 든다고 생각했는데 아니더라고요.

투이 맞아요. 인터넷에 들어가서 찾아보면 다양한 할인 혜택이 있으니까 한번 검색해 보세요.

바트 네, 알겠어요. 바로 알아봐야겠어요.

10과 재미있는 한국어

1 10-2

마키 민호 씨, 있잖아요. 친구 중에 괜찮은 사람 없어요?

민호 왜요?

마키 다리 좀 놓아 달라고요. 민호 씨는 발이 넓어서 친구 많잖아요.

민호 아, 소개팅? 해 주고말고요. 그런데 마키 씨는 눈이 좀 높지 않아요?

마키 아니에요. 저 그렇게 까다롭지 않아요. 같은 값이면 다홍치마라고 멋있으면 더 좋겠지만…….

민호 그래도 어떤 사람이 좋은지 얘기나 해 보세요.

마키 음, 저는 웃을 때 예쁜 사람이 좋아요. 다른 사람이 활짝 웃는 얼굴을 보면 저까지 기분이 좋아지거든요.

민호 아, 웃는 얼굴이 보기 좋은 사람. 알았어요.

마키 또 있어요. 제가 먹는 걸 좋아하잖아요. 저처럼 음식 먹는 걸 즐기는 사람이면 좋겠어요. 같이 맛집을 찾아 다니고 싶거든요. 그런데 먹을 때 쩝쩝 소리를 내는 건 좀 싫어요.

민호 네, 또 다른 건 없어요?

마키 음, 그냥 제 말에 언제나 귀 기울여 주는 자상한 사람이면 돼요.

민호 알았어요. 친구 중에서 한번 찾아볼게요. 마키 씨한테 이런 부탁을 받으니까 어깨가 무겁네요.

마키 너무 부담 갖지 마세요. 그럼 연락 기다릴게요.

2 10-3

민호 마키 씨, 어제 제 친구 잘 만났어요? 좋은 사람이지요?

마키 네, 좋은 사람인 것 같았어요. 두 사람 어렸을 때부터 친구였다면서요? 민호 씨 이야기도 많이 했어요.

민호 아, 어쩐지 귀가 가렵더라고요. 그런데 두 사람 말이 잘 통했나 봐요.

마키 네, 시간 가는 줄 모르고 이야기했어요. 그동안 한국어 공부 열심히 한 보람이 있던데요.

민호 잘됐네요. 또 만나기로 했어요?

마키 네, 약속을 정하려고 아까 메시지를 주고받았어요. 그런데 좀 이해할 수 없는 말이 있었어요.

민호 무슨 말요?

마키 그 사람이 이번 주말에는 만나기 힘들다고 하면서 회사 일 때문에 발등에 불이 떨어졌대요. 저는 깜짝 놀라서 병원에 가 보라고 했거든요. 그런데 그 사람이 웃더라고요. 왜 웃었는지 모르겠어요.

민호 발등에 불이 떨어졌다는 말은 일이 아주 급해졌다는 말이에요. 정말로 발 위에 불이 떨어진 게 아니에요.

마키 아, 발등에 불이 떨어지면 급하게 꺼야 하니까 그런 거구나. 민호 씨 말을 듣고 보니 이거하고 비슷한 말을 전에 들어 본 것 같아요. 뭐더라? 발등을 찍히다? 이것도 비슷한 말이지요?

민호 믿는 도끼에 발등 찍힌다는 속담요?

마키 네, 맞아요. 그것도 비슷한 말이에요?

민호 그건 좀 다른 말인데. 그 말은 이럴 때 써요. 마키 씨하고 저하고 친한 친구잖아요. 그래서 저는 마키 씨를 진심으로 믿고 뭐든지 다 말했어요. 그런데 알고 보니 마키 씨가 다른 사람한테 제 비밀도 말하고 저에 대해 나쁜 말도 많이 하고 다닌 거예요. 그걸 알았을 때 제 기분이 어떨까요?

마키 아, 둘이 완전히 다른 뜻이었네요.

11과 스포츠와 우리의 생활

1 11-2

캐스터 여러분, 안녕하십니까? 남자 수영 100미터 결승 경기를 중계해 드리겠습니다. 오늘 세계 기록이 나올 수 있을까요? 지금까지의 세계 기록은 46초 91.

해설자 네, 오늘 신기록이 나올지 궁금합니다. 그리고 우리 박지훈 선수, 얼마 전 허리에 부상을 입어 걱정이지만 최선을 다할 것으로 믿습니다.

캐스터 네, 많은 응원 부탁드립니다. 선수들 이제 곧 출발합니다.

(출발 신호음)

캐스터 출발입니다! 선수들 아주 빠릅니다!

해설자 네, 다들 대단한 순발력입니다.

캐스터 아, 미국의 마이클 선수 역시 빠릅니다!

해설자 네, 이 선수 처음부터 빠른 속도를 유지하고 있습니다.

캐스터 이제 50미터 돌았습니다. 미국의 마이클 선수가 가장 앞에 있습니다. 그 뒤를 한국의 박지훈 선수가 쫓아가고 있습니다.

해설자 네, 지금 그 뒤의 선수들도 속도를 내고 있습니다. 마지막 25미터! 누가 가장 먼저 들어올까요?

캐스터 어, 박지훈 선수가 앞으로 나옵니다. 미국의 마이클이 1위를 지킬 것이냐, 한국의 박지훈이 경기를 뒤집을 것이냐! 아, 마이클이 1위로 들어옵니다! 금메달은 마이클! 바로 뒤에 박지훈! 그다음 프랑스의 루이!

해설자 네, 우리 박지훈 선수 은메달이네요! 부상이 있는데도 대단합니다.

캐스터 마이클 선수 정말 놀랍습니다. 처음부터 끝까지 전혀 지치지 않았고요, 마지막 15미터에서는 속도가 더 빨라졌습니다. 기록은 47초 17. 세계 기록보다는 조금 늦지만 아주 좋은 기록입니다.

해설자 아, 2위를 한 우리 박지훈 선수도 같이 기뻐해 주고 있네요. 아름다운 모습입니다. 얼마 전까지 허리가 안 좋았는데 잘했습니다. 박수를 보냅니다.

캐스터 동메달을 딴 프랑스 루이 선수도 정말 잘했어요. 나이가 어린 선수이지요?

해설자 네, 이제 스무 살이라서 미래가 아주 기대되는 선수입니다.

캐스터 맞습니다. 아, 정말 손에 땀을 쥐게 하는 경기였는데요. 자, 그럼 경기 주요 장면 다시 보시겠습니다.

2 11-3

기자 어제 있었던 남자 100미터 수영에서 은메달을 차지한 박지훈 선수를 만나 보겠습니다. 박지훈 선수, 먼저 축하드립니다. 소감 한 말씀 해 주십시오.

선수 감사합니다. 여러분들이 응원해 주신 덕분에 좋은 결과가 나온 것 같습니다.

기자 어제 경기 전에는 허리 부상 때문에 좋은 결과를 기대하지 않는다고 하셨는데 정말 기쁘시겠어요.

선수 그렇습니다. 부상이 완전히 낫지 않아서 별로 기대하지 않았거든요. 2위로 들어온 걸 알고 저도 여간 기쁘지 않았습니다.

기자 부상을 이긴 박지훈 선수의 정신력에 많은 사람들이 박수를 보내고 있습니다. 게다가 라이벌로 알려진 루이 선수를 이겨서 더 의미가 있는 것 같습니다.

선수 네, 하지만 저는 경기를 할 때는 다른 선수를 생각하지 않습니다. 제 경기력과 성적에만 집중해서 좋은 결과가 나온 것 같습니다.

기자 자기에게 집중한다. 좋은 말이네요. 연습을 많이 하는 것으로 유명하신데 하루에 얼마나 연습을 하시나요?

선수 보통 하루에 만사천 미터 정도 하는 것 같습니다.

기자 만사천 미터요? 숫자만 들으니까 잘 모르겠는데 그게 어느 정도인가요?

선수 쉽게 말하면 50미터 수영장을 140번 정도 왕복하는 거리입니다.

기자 정말 대단하시네요. 그렇게 열심히 하셨으니까 좋은 결과를 얻는 게 당연한 것 같습니다. 이제 두 경기가 남아 있는데 목표를 말씀해 주시겠습니까?

선수 어제처럼 몸 상태를 잘 유지해서 좋은 성적으로 대회를 마무리하고 싶습니다. 국민 여러분께도 항상 응원해 주셔서 감사하다는 말씀을 드리고 싶습니다.

기자 좋은 경기 기대하겠습니다. 박지훈 선수, 다시 한번 축하드리고요, 시간 내 주셔서 감사합니다.

선수 감사합니다.

12과 사건과 사고

1 12-2

오늘 새벽 5시 무렵에 실음역 근처에서 하얀색 자동차 한 대가 커피숍을 들이받은 사고가 일어났습니다. 사고 운전자는 80대 노인이었다고 합니다. 이른 아침이라 커피숍이 문을 열지 않아 다행히 피해자는 없었고, 운전자만 가벼운 부상을 입고 병원에서 치료를 받고 있습니다. 운전자의 실수인지 자동차의 문제인지 사고 원인은 아직 밝혀지지 않았으며, 경찰이 현재 사고 원인에 대해 조사하고 있습니다.

또 다른 사고인데요. 오늘 아침 6시 무렵에 서울역 근처에서 노인이 길을 건너다 달려오던 차에 부딪혀 숨졌습니다. 이 노인은 옆에 횡단보도가 있었는데도 횡단보도로 건너지 않고 무단 횡단을 하다가 사고를 당했다고 합니다.

2 12-3

진행자 요즘 노인 인구가 계속 증가하면서 여러 문제가 발생하는데요. 그중 하나가 노인 교통사고의 증가라고 할 수 있습니다. 이런 문제에 대해 교통 연구소의 김준우 박사님을 모시고 고령자 교통사고의 현황과 해결 방안에 대해 이야기를 나눠 보겠습니다. 안녕하세요? 박사님.

박 사 안녕하십니까?

진행자 먼저 전체 교통사고 발생 현황과 고령자 교통사고 발생 현황에 대해 말씀해 주시겠습니까?

박 사 전체 교통사고 발생률은 지난 5년간 지속적으로 줄고 있습니다. 반대로 노인 교통사고 발생률은 약 25% 정도나 증가했습니다.

진행자 그럼 고령자 교통사고 발생률이 높은 이유가 있을 텐데요. 그 원인은 무엇입니까?

박 사 우선 다른 연령층에 비해 고령 운전자들은 안전 수칙을 잘 지키지 않습니다. 게다가 신호도 많이 위반하는 편입니다.

진행자 그에 대한 대책이 필요하겠군요. 그럼 고령 운전자 사고를 줄이자면 어떻게 해야 하는지 말씀해 주시겠습니까?

박 사 안전 수칙과 신호를 지키는 것이 중요합니다. 그러니 고령 운전자를 대상으로 이러한 것을 지켜야 한다는 생각을 갖도록 교육하는 것이 필요합니다.

진행자 아, 그렇겠네요.

박 사 또한 고령자 교통사고에서 관심을 가져야 할 것은 보행자 사망 사고입니다. 자료에 의하면 교통사고로 인한 보행자 사망 사고의 50% 정도가 고령자라고 합니다.

진행자 안타깝네요. 그럼 그런 사고의 원인은 무엇입니까?

박 사 사고의 원인과 사고를 방지할 수 있는 방법을 함께 말씀드리도록 하겠습니다. 서로 관계가 있으니까요. 먼저 녹색 신호가 깜박일 때 급하게 건너다가 사고를 당하시는 분들이 많습니다. 횡단보도를 건널 때는 시간의 여유를 가지고 건너야 합니다. 다음으로 무단 횡단은 하면 안 됩니다. 횡단보도가 좀 멀리 있거나 지하도로 건너기가 불편해서 무단 횡단을 하는 분이 많으신데요. 이렇게 하면 사고를 당하기가 쉽습니다. 마지막으로 고령자들은 어두운 옷을 주로 입기 때문에 눈에 잘 띄지 않습니다. 어두운색 옷보다는 눈에 잘 띄는 밝은색 옷을 입는 것도 사고를 예방할 수 있는 방법입니다.

진행자 스스로 안전이 중요하다는 생각을 가져야 하겠군요. 오늘은 김준우 박사님을 모시고 고령자 교통사고의 현황과 해결 방안에 대해 알아봤습니다. 오늘 말씀 감사합니다. 박사님.

13과 동식물과 함께하는 생활

1 13-2

기자 지금 도심의 빌딩 제일 위에 만들어진 한 옥상 정원에 나와 있는데요. 커피를 마시는 분도 있고 앉아서 쉬고 있는 분들도 있네요. 몇 분과 이야기를 나눠 보겠습니다. 안녕하세요?

남자 안녕하세요?

기자 이곳에 자주 오십니까?

남자 네, 점심시간을 이용해서 자주 오는 편입니다.

기자 이곳에 오시면 좋은 점이 무엇입니까?

남자 음, 이곳은 나무도 있고 꽃들도 예쁘게 피어 있습니다. 그리고 새소리도 들을 수 있어서 자연을 느낄 수도 있습니다. 그래서 그런지 마음도 좀 편해지는 것 같아요. 또 일 때문에 쌓였던 스트레스도 다 날아가 버리는 것 같고요.

기자 네, 그렇군요. 사무실에서는 자연을 느끼기가 힘들지요. 다음 분을 만나 보겠습니다. 안녕하세요? 쉬고 계신데 방해해서 죄송합니다. 점심시간을 이용해서 올라오신 거지요?

여자 네, 그렇습니다. 점심을 먹고 나서 커피를 마시면서 좀 쉬려고 올라왔어요.

기자 이곳의 좋은 점은 뭐라고 생각하십니까?

여자 이곳은 사람이 별로 없어서 북적거리지 않아요. 그래서 조용히 있을 수 있어서 좋거든요. 저는 지하철로 출퇴근을 하는데 지하철 안에는 사람들이 많은 데다가 복잡하고, 소음 때문에 시끄럽잖아요. 그리고 사무실에서도 여러 사람들과 같이 업무를 하니까 혼자 있는 시간이 부족해요.

기자 아, 여기에 올라오면 혼자 쉴 수 있으니까 좋으시군요. 인터뷰에 응해 주셔서 감사합니다. 이렇게 도심의 빌딩 숲에서도 자연을 즐길 수 있는 옥상 정원이 있어 직장인의 사랑을 받고 있습니다.

2 13-3

기자 최근 몇 년 동안 직장인의 휴식 공간인 옥상 정원이 도심의 건물에 많이 만들어졌는데요. 옥상 정원이 직장인의 휴식 공간으로 잘 이용되고 있는지 찾아가 보았습니다.

이곳은 한 회사의 옥상 정원입니다. 담배꽁초가 바닥에 여기저기 버려져 있고 치우지 않은 쓰레기도 쌓여 있습니다. 쓰레기가 오랫동안 방치되었는지 나쁜 냄새까지 나는데요. 사람들은 꽃을 보면서 자연을 느끼려고 여기에 올라오는데 잡초만 이렇게 무성하게 자라고 있습니다. 이런 곳에서 어떻게 휴식을 취할 수 있을까요? 오히려 스트레스만 더 쌓일 것 같습니다. 이곳은 사람들이 전혀 쉴 수 없는 공간이 되어 버렸네요.

또 다른 곳을 찾아가 보았습니다. 이곳은 이 지역에서 가장 크고 아름다운 옥상 정원으로 유명했던 곳입니다. 그런데 꽃과 나무의 잎들은 다 시들어 버렸습니다. 게다가 바닥은 새들의 배설물로 더러워져 있습니다.

옥상 정원은 도심에서 자연을 즐기며 휴식을 취할 수 있도록 만들어 놓은 공간입니다. 그런데 이렇게 관리되지 않고 방치되면 있으나 마나입니다. 휴식을 위해 만들어 놓은 공간인 만큼 여러 사람이 이용할 수 있도록 잘 관리해야 할 것입니다. 이러한 옥상 정원을 잘 관리하기 위해서 무엇이 필요한지 전문가의 의견을 들어 보도록 하겠습니다.

14과 소중한 환경

1 14-2

남자 왜 이렇게 힘이 없어 보여? 다음 주가 시험 기간이라서 그래?

여자 말도 마. 우리 집 근처에서 집을 짓는 공사를 하는데 아침 일찍부터 땅, 땅, 땅. 아, 정말 너무 시끄러워. 주말에는 좀 늦게까지 자고 싶은데 일찍 깨게 된다니까.

남자 진짜 시끄럽겠다. 나는 아파트에 살잖아. 윗집 아이들이 어찌나 쿵쿵 뛰어다니는지 잠을 통 못 자.

여자 너도 그렇구나. 요즘 여기저기 소음 공해가 정말 심각한 것 같아.

남자 맞아. 심한 소음은 귀에 무리를 주는 데다가 스트레스의 원인이 된대. 그래서 소음 때문에 생기는 질병도 많다고 하더라. 그리고 소음 공해 때문에 사람뿐만 아니라 동물도 피해를 입는대.

여자 그래? 사람만 그런 줄 알았는데. 어떤 피해를 입는데?

남자 예를 들면, 고래는 바다에서 소리를 이용해서 먹이를 찾고 짝을 찾거든. 그런데 바다에서 다리를 만드는 것 같은 큰 공사를 하면 너무 시끄러워서 다른 고래들이 내는 소리를 못 들어. 그래서 먹이도 못 찾고 짝을 만나기도 힘들대. 그리고 심하면 스트레스를 받아서 죽기도 한다고 들었어.

여자 그렇구나. 사람들이 만든 소음 때문에 동물들이 그렇게 큰 피해를 보다니 동물들한테 미안한 마음이 드네.

2 14-3

여자 와, 서울의 밤은 정말 밝고 예쁜 것 같아.

남자 정말 화려하지? 우리나라는 이렇게 밤늦게까지 문을 여는 가게가 별로 없잖아.

여자 이렇게 나무에 전구를 달아 놓은 것도 정말 예쁜 것 같아.

남자 그런데 어제 신문에서 보니까 밤에 너무 밝은 것도 좋지 않대.

여자 그래? 하지만 밤에 밝으니까 늦은 시간에 다닐 때도 안심되는데.

남자 그런 장점도 있긴 한데 '빛 공해'도 있어.

여자 '빛 공해'가 뭐야?

남자 '빛 공해'는 밤에 인공조명이 너무 많아서 생활에 피해를 주는 거야.

여자 밤에 밝은 게 뭐가 나빠?

남자 밤에는 잠을 자야 하는데 너무 밝으면 숙면을 취할 수가 없잖아. 내 방에도 주변에 있는 가게에서 빛이 많이 들어와. 집 근처에 있는 가게들이 불을 켜 놓은 채로 문을 닫거든.

여자 가게 광고하려고 불을 켜 놓고 가는 거지?

남자 응, 맞아. 그런데 나는 그 빛 때문에 밤에 깊이 잠들기가 힘들어.

여자 그럴 수도 있겠네. 난 그냥 보기에 예뻐서 좋았는데.

남자 빛이 너무 밝으면 사람은 수면 부족 상태가 되고 병에도 쉽게 걸릴 수 있대. 그리고 나무에 전구를 달아 놓으면 보기에는 예쁘지만 나무가 잠을 못 자서 쉽게 약해진대.

여자 나무도 피해를 입어?

남자 인공조명 바로 옆에 있는 나무는 그렇지 않은 나무에 비해서 꽃이 빨리 피거나 지고 잎이 빨리 시들기도 한대.

여자 나무도 사람처럼 밤에는 쉬어야 하는구나.

남자 그렇지, 나무도 휴식이 필요해. 그리고 새도 밤에 너무 밝으면 앞이 잘 안 보여서 건물에 부딪히기도 한대.

여자 진짜? 서울의 밤이 예쁘기는 하지만 그것 때문에 생기는 부작용도 심각하구나. 듣고 보니 환경을 생각하면 자연스러운 게 제일 좋은 것 같아.

15과 과학과 기술

1 15-2

여자 어제 꽃 가게에서 뭐 샀어?

남자 컴퓨터 옆에 놓고 장식도 할 겸 전자파도 차단할 겸 선인장 하나 샀지.

여자 전자파를 막으려고 선인장을 샀다는 말이야?

남자 응, 텔레비전에서 봤는데 선인장 같은 식물이 우리 몸에 해를 끼치는 전자파를 막아 준대.

여자 식물에는 전자파 차단 효과가 없어. 정말로 식물이 전자파를 막아 준다면 전기도 안 통할걸. 그럼 전자 제품인 컴퓨터를 어떻게 사용해?

남자 아니, 뭐 그래도 선인장이 건강에 나쁜 전자파를 조금이라도 막아 주지 않겠어?

여자 글쎄, 그런데 전자파가 우리 몸에 나쁘다는 근거는 있어?

남자 텔레비전에서 보니까 전자파 때문에 불안증이 생긴다든가 암에 걸린다든가 하는 일도 많다고 하던데. 그래서 나는 이렇게 휴대폰에다가 전자파 차단 스티커도 붙였어.

여자 컴퓨터나 휴대폰 같은 전자 제품에서 전자파가 나오는 건 사실이지만 우리 몸에 영향을 끼칠 정도로 강한 건 아니야. 그러니까 그런 스티커는 붙이나 마나야.

남자 텔레비전 정보 프로그램에서 보고 따라 한 건데 그게 잘못된 정보라는 말이야?

여자 텔레비전에 나온 정보 중에서 잘못된 게 얼마나 많은데. 특히 과학에 대한 정보는 틀린 게 많으니까 잘 확인해야 돼.

2 15-3

진행자 안녕하십니까? 여러분의 참여로 만들어지는 '과학, 생활과 만나다'입니다. 오늘도 일상생활 속 과학에 대한 여러분의 질문을 해결해 드리기 위해 윤수현 교수님 나오셨습니다. 교수님, 안녕하세요?

교 수 네, 안녕하세요?

진행자 오늘도 많은 분들이 질문을 보내 주셨습니다. 첫 번째 질문은 1009 님이 보낸 질문입니다. "전자레인지로 음식을 데우면 전자파 때문에 음식의 영양소가 파괴된다고 들었는데 사실인가요?" 교수님, 정말 그렇습니까?

교 수 네, 그렇게 생각하는 분들이 많지요. 그런데 이것은 우리의 선입견일 뿐입니다. 사실 전자레인지로 데운 음식은 온도가 100도 이상으로 올라가지 않기 때문에 영양소가 생각만큼 파괴되지 않습니다. 오히려 가스레인지로 요리하다가 음식이 타면 더 위험할 수 있습니다.

진행자 그렇군요. 우리가 잘못 알고 있었네요. 다음은 0215 님의 질문입니다. "저는 매일 저희 집에 있는 식물들을 보면서 사랑한다든가 예쁘다든가 하는 말을 해요. 좋은 말을 들은 식물이 잘 자란다고 해서요. 그런데 이게 정말 효과가 있나요?" 교수님, 이 말이 맞습니까?

교 수 네, 그런 질문을 하시는 분들이 많습니다. 그런데 한번 생각해 보십시오. 식물은 귀와 뇌가 없는데 어떻게 사람의 말을 알아들을 수 있을까요? 혹시 그렇더라도 전 세계의 수많은 언어를 식물이 다 이해할 수는 없겠지요. 식물이 사람의 마음을 읽는 것도 아닐 텐데 말입니다.

진행자 네, 이것도 사실이 아니었군요. 식물의 성장과 사람의 말은 관계가 없다고 합니다. 그럼 계속해서 다음 질문을 읽어 보겠습니다.

16과 추억과 그리움

1 16-2

'추억의 음악 카페'입니다.

오늘 들려 드릴 사연은 성북구 정릉동에 사는 이지수 씨 사연인데요.

안녕하세요? 저는 '추억의 음악 카페' 팬이에요. 항상 들려주시는 좋은 음악 잘 감상하고 있습니다. 제가 늘 듣기만 하다가 이렇게 사연을 보내는 이유는 우연히 집에 있는 낡은 상자를 하나 발견해서입니다. 먼지가 수북이 쌓여 있는 상자를 열었더니 그 안에는 고등학교 때 찍은 사진이 한 장 있더군요. 그 순간 저는 순수했던 그 시절로 돌아갔습니다. 고등학교 3학년, 대학 입시 준비로 힘들 때였지만 단짝 친구인 영미가 있어서 하루하루가 얼마나 행복했는지 몰라요. 등굣길이며 밥을 먹을 때며 화장실에 갈 때조차 우리는 함께였지요. 둘이 이야기를 시작하면 밤새도록 끝이 없었어요. 선생님들도 우리가 하도 붙어 다니니까 나중에 어떻게 시집갈 거냐면서 놀리셨지요. 그랬던 친구인데 대학교에 입학해서 서로 바쁘게 지내다 보니까 연락이 끊겼네요. 어디에서 어떻게 지내고 있는지 영미가 그리워지는 밤입니다. 신청곡은 같이 자주 듣던 노래, 은아의 '사랑해요' 부탁드립니다.

네, 친자매 같이 지냈던 두 분이 연락이 끊기게 되어 참 안타깝네요. 영미 씨, 혹시 지금 이 방송을 듣고 계시면 연락 주세요. 옛 친구인 이지수 씨가 무척 그리워하고 있으니까요. 그럼 은아의 '사랑해요' 들려 드리겠습니다.

2 16-3

김영미 저기, 이지수 맞지?

이지수 어머, 영미야. 이게 얼마 만이야? 진짜 반갑다. 고등학교 졸업하고 처음 보는 거니까 거의 10년은 됐네.

김영미 그러게 말이야. 라디오에서 우리 얘기가 나와서 깜짝 놀랐어. 어떻게 라디오에 사연 보낼 생각을 했어? 나도 한번씩 옛날 생각은 났는데 연락할 방법이 통 없더라고. 넌 뭐 하면서 지내니?

이지수 영어 번역하는 일을 하고 있어.

김영미 역시! 예전부터 넌 글을 잘 썼잖아. 쓰기 대회에서 상도 많이 받고. 결국은 그쪽 분야의 일을 하고 있구나.

이지수 응. 그게 적성에 잘 맞더라고. 넌 어떻게 지내? 결혼했어? 고등학교 때는 맨날 일찍 결혼하고 싶다고 했잖아.

김영미 결혼은 무슨. 남자 친구조차 없는데.

이지수 세상일이 마음먹은 대로 되지 않더라고. 요즘 연락하는 친구들은 있어?

김영미 너하고도 연락이 안 됐는데 누구하고 연락을 하겠니? 아, 근데 얼마 전에 마트에서 우연히 박정우 선생님을 봤어.

이지수 어머, 선생님께 인사드렸어?

김영미 아니, 인사드리기가 어색해서 그냥 못 본 척했어.

이지수 인사드리지 그랬어. 그 선생님이 너의 첫사랑이었잖아. 선생님을 볼 때 너의 눈빛이 얼마나 반짝거렸는지 몰라. 선생님 책상 위에 몰래 꽃도 가져다 놓고 커피도 올려놓고.

김영미 그땐 그랬지. 선생님이 '김영미' 하고 내 이름을 부르면 얼마나 가슴이 두근거렸는지 몰라. 근데 참 많이 늙으셨더라. 배가 이만큼 나온 게 완전히 아저씨던데.

이지수 그래? 그게 세월이지. 선생님도 우리도 다들 그렇게 변해 가는 거겠지. 그래도 이렇게 같이 추억에 잠길 수 있는 친구가 있어서 얼마나 행복한지 모르겠다.

4-2 모범 답안

9과 문화를 즐기는 삶

듣고 말하기

들어 봅시다 1

1. 록 페스티벌
2. 세계 여러 나라의 가수들이 출연해서 옛날에 유행했던 록 음악이나 자신의 노래를 들려주는 축제
3. ○, ○, ○, ×, ○

들어 봅시다 2

1. 저렴하게 문화생활을 즐기는 방법
2.

영화	매일 처음 상영하는 영화를 보면 할인을 받을 수 있음.
오페라·발레	공연 당일에 가면 남은 표를 80% 정도 싸게 살 수 있음.

3. ○, ○, ×, ×

읽고 말하기

읽어 봅시다 1

1. 꿈을 담은 하모니 ― 노인들이 준비한 음악회
   문화가 숨 쉬는 남이섬 여행 ― 기차를 타고 가서 즐기는 문화생활
   마음으로 전하는 이야기 ― 앞을 볼 수 없는 사람들의 사진전
2. 꿈을 담은 하모니: ○, ×
   문화가 숨 쉬는 남이섬 여행: ○, ○, ×
   마음으로 전하는 이야기: ×, ○

읽어 봅시다 2

1.

1단락	영화를 본 이유와 영화를 보기 전 느낌
2단락	영화의 줄거리 및 기억에 남는 장면
3단락	영화를 본 후의 감상

2. 한국의 극장에 한번 가 보고 싶어서
3. 고향에 계신 아버지가 생각나서
4. ×, ○, ○, ×

10과 재미있는 한국어

듣고 말하기

들어 봅시다 1

1. 괜찮은 사람을 소개해 달라고 부탁했다.
2. ×, ×, ○
3.

다리를 놓다	중간에서 두 사람을 소개하다
어깨가 무겁다	큰 책임감을 느끼다

들어 봅시다 2

1. ×, ○, ○, ×
2. ×, ○, ×
3.

귀가 가렵다	다른 사람이 자기 이야기를 하는 것 같다
발등에 불이 떨어지다	갑자기 급한 일이 생기다
믿는 도끼에 발등 찍힌다	믿었던 사람에게 배신을 당하다

읽고 쓰기

읽어 봅시다

1.

축구를 시작한 이유	세계적인 축구 선수가 되고 싶어서
경기에 나가지 못했던 이유	다른 친구들에 비해 실력이 뒤떨어져서
실력을 키우기 위해 한 일	매일 가장 일찍 연습을 시작했고, 가장 늦게 연습을 끝냈음.

2. ×, ×, ○, ×
3.

고생	기초 실력을 키우기 위해 노력함.
낙	축구 대회에서 팀이 1등을 하고 자신은 최우수 선수가 됨.

4. 목표를 위해 열심히 노력하면 원하는 것을 이룰 수 있다.

11과 스포츠와 우리의 생활

듣고 말하기

들어 봅시다 1

1. 남자 수영 100미터 결승 경기
2. ㅇ, ×, ×, ×, ㅇ
3. ②

들어 봅시다 2

1. 은메달을 딴 수영 선수
2. ㅇ, ×
   ×, ㅇ
3. ×, ×
   ㅇ, ×
4. 자신의 경기력과 성적

읽고 말하기

읽어 봅시다 1

1. ①
2. ×, ㅇ, ×
3. 기초 종목에서 좋은 성적을 얻기 위해 더 많이 투자해야 한다.

읽어 봅시다 2

1.

단락	주요 내용
1단락	야구를 좋아해서 주말마다 경기를 한다.
2단락	야구를 할 수 있는 제대로 된 경기장을 찾기 힘들다.
3단락	보통 사람들이 운동할 수 있는 환경이 있어야 스포츠 강국이 될 수 있다.
4단락	생활 체육 시설을 만드는 데 투자해야 한다.

2. ×, ㅇ, ×, ×
3. 진정한 스포츠 강국이 되려면 생활 체육 시설을 만드는 데 투자해야 한다.

12과 사건과 사고

듣고 말하기

들어 봅시다 1

1. 노인 교통사고
2. ×, ㅇ, ㅇ, ×

들어 봅시다 2

1. 고령자 교통사고의 현황과 해결 방안
2.

운전자	보행자
• 안전 수칙을 잘 지키지 않음. • 신호 위반	• 시간이 부족해도 길을 건너려고 함. • 무단 횡단 • 어두운색 옷 입음.

3. ×, ㅇ, ㅇ, ㅇ, ×

읽고 쓰기

읽어 봅시다 1

1. ③
2. ×, ㅇ, ×

읽어 봅시다 2

1. ③
2. ㅇ, ×, ×, ㅇ, ㅇ

읽어 봅시다 3

1. ②
2. ㅇ, ㅇ, ×, ×, ㅇ

13과 동식물과 함께하는 생활

듣고 말하기

들어 봅시다 1

1. 옥상 정원의 좋은 점
2.

- 남자
- 여자

- 자연을 느낄 수 있다.
- 혼자만의 시간을 보낼 수 있다.
- 스트레스가 풀리는 것 같다.
- 조용한 시간을 가질 수 있다.

3. ×, ○

들어 봅시다 2

1.

- 첫 번째 옥상 정원
- 두 번째 옥상 정원

- 치우지 않은 쓰레기 때문에 나쁜 냄새가 남.
- 담배꽁초가 여기저기 버려져 있음.
- 바닥이 새들의 배설물로 더러워져 있음.
- 잡초가 무성함.

2. 옥상 정원 관리 방법에 대한 전문가의 의견을 듣는다.
3. ②

읽고 말하기

읽어 봅시다 1

1.

단락	중심 내용
1단락	반려동물의 의미와 그 용어를 사용한 시기
2단락	반려동물 수의 증가와 그 원인
3단락	유기 동물에 대한 문제
4단락	반려동물을 키울 때 필요한 태도

2. ×, ○, ○, ×
3. ①

읽어 봅시다 2

1. 유기 동물 입양에 대한 의견
2. ○, ×, ×

14과 소중한 환경

듣고 말하기

들어 봅시다 1

1. 소음 공해
2. ×, ○, ×, ○, ×

들어 봅시다 2

1. 빛 공해
2. 빛 공해는 밤에 인공조명이 너무 많아서 생활에 피해를 주는 것이다.
3. ×, ×, ○, ○, ×
4. ①

읽고 쓰기

읽어 봅시다

1. 미세 플라스틱 문제와 해결 방안
2.

단락	중심 내용
1단락	심각한 플라스틱 쓰레기 문제
2단락	미세 플라스틱의 뜻과 종류
3단락	미세 플라스틱이 위험한 이유
4단락	미세 플라스틱 문제 해결 방안
5단락	플라스틱 쓰레기를 줄이기 위한 노력 필요

3. ○, ×, ○, ×, ×
4. (④) – (⑤) – (①) – (③) – (②)
5. 플라스틱 쓰레기를 줄이기 위해 많은 노력을 기울여야 한다.

15과 과학과 기술

듣고 말하기

들어 봅시다 1

1. 전자파에 대한 잘못된 상식
2. 컴퓨터 옆에 놓고 장식도 하고 전자파도 차단하려고

3. ○, ×, ×, ○

4. 틀린 것이 많으니까 잘 확인해야 한다.

들어 봅시다 2

1. ①

2.

전자레인지에서 요리한 음식	가스레인지에서 요리한 음식
음식의 온도가 100도 이상으로 올라가지 않아서 영양소가 생각만큼 파괴되지 않는다.	음식이 타면 더 위험할 수 있다.

3. ×, ×, ○

읽고 말하기

읽어 봅시다 1

1. 첨단 과학의 뜻과 첨단 과학의 예

2.

단락	중심 내용
1단락	첨단 과학의 뜻
2단락	첨단 과학을 이용한 전신 수영복의 원리
3단락	첨단 과학과 우리 생활의 관계

3. ×, ○
   ×, ○

읽어 봅시다 2

1. 과학 축제

2.

언제	2월 16일~2월 19일
어디에서	세종 문화 회관, 광화문 광장, 서울 광장

3. ㉠ 문화 ㉡ 첨단 과학 기술 ㉢ 체험 행사
   ㉣ 광화문 광장 ㉤ 미래 식량

16과 추억과 그리움

듣고 말하기

들어 봅시다 1

1. 고등학교 친구와의 추억

2. 낡은 상자 안에서 고등학교 때의 사진을 발견해서

3. ×, ○, ×, ×

들어 봅시다 2

1. 라디오에 사연을 보내게 되어서

2. 번역하는 일

3. 선생님 책상 위에 몰래 꽃도 가져다 놓고 커피도 올려 놓았다.

4. ○, ×, ×, ○

읽고 쓰기

읽어 봅시다

1. 한국 유학 생활의 추억

2. 유학하기 전에는 소극적이었는데 유학한 후에는 적극적으로 변했다.

3. 글쓴이의 경험이 풍부해져서 다양한 생각을 할 수 있게 되었다.

4. ×, ×, ×, ○

4-2 mp3 목록

타이틀	단원	단원 내용	쪽
09-1	09과	대화	28
09-2		들어 봅시다 1	32
09-3		들어 봅시다 2	33
09-4		억양	33
09-5		문법 3	34
10-1	10과	대화	50
10-2		들어 봅시다 1	53
10-3		들어 봅시다 2	54
10-4		억양	54
10-5		문법 3	56
11-1	11과	대화	74
11-2		들어 봅시다 1	77
11-3		들어 봅시다 2	78
11-4		발음	78
11-5		문법 3	79
12-1	12과	대화	94
12-2		들어 봅시다 1	97
12-3		들어 봅시다 2	97
12-4		억양	98
12-5		문법 3	99

타이틀	단원	단원 내용	쪽
13-1	13과	대화	120
13-2		들어 봅시다 1	124
13-3		들어 봅시다 2	125
13-4		발음	125
13-5		문법 3	126
14-1	14과	대화	142
14-2		들어 봅시다 1	146
14-3		들어 봅시다 2	146
14-4		끊어 읽기	147
14-5		문법 3	148
15-1	15과	대화	166
15-2		들어 봅시다 1	169
15-3		들어 봅시다 2	170
15-4		억양	170
15-5		문법 3	171
16-1	16과	대화	186
16-2		들어 봅시다 1	189
16-3		들어 봅시다 2	189
16-4		발음	190
16-5		문법 3	191

MEMO

MEMO

MEMO